国家出版基金项目
NATIONAL PUBLICATION FOUNDATION

U0662252

# 汉画总录

50

徐州

GUANGXI NORMAL UNIVERSITY PRESS
广西师范大学出版社

·桂林·

本研究由 2012 年度国家社科基金重大项目"中国汉代图像数据库与《汉画总录》编撰研究"资助

本专项研究得到吴作人国际美术基金会的赞助

HANHUA ZONGLU

项目统筹　汤文辉　李　琳
责任编辑　王辰旭
装帧设计　李若静　陆润彪　刘　凛
责任技编　郭　鹏

图书在版编目（CIP）数据

汉画总录. 50, 徐州 ／ 梁勇，朱青生主编. —桂林：
广西师范大学出版社，2021.12
　ISBN 978-7-5598-2070-9

Ⅰ．①汉… Ⅱ．①梁… ②朱… Ⅲ．①画像砖－史料－
研究－中国－汉代②画像砖－史料－研究－徐州－汉代
Ⅳ．①K879.444

中国版本图书馆 CIP 数据核字（2019）第 172163 号

广西师范大学出版社出版发行

（广西桂林市五里店路 9 号　邮政编码：541004）
（网址：http://www.bbtpress.com）
出版人：黄轩庄
全国新华书店经销
广西广大印务有限责任公司印刷
（桂林市临桂区秧塘工业园西城大道北侧广西师范大学出版社集团
有限公司创意产业园内　邮政编码：541199）
开本：787 mm ×1 092 mm　1/16
印张：15.75　　字数：150 千字
2021 年 12 月第 1 版　　2021 年 12 月第 1 次印刷
定价：480.00 元

# 序

文字记载，图画象形。人性之深奥、文化之丰富俱在文献形相之中；史实之印证、问题之追索无非依靠文字图形。[1]汉画乃有汉一代形相与图画资料之总称。

汉代之前，有各种物质文化遗迹与形相资料传世。但是同时代文献相对缺乏，虽可精观细察，恢复格局，重组现象，拾取位置、结构和图像信息，然而毕竟在紧要处，但凭推测，难于确证。汉代之后，也有各种物质文化遗迹与形相资料传世，但是汉代之前问题不先行获得解释，后代的讨论前提和基础就愈加含糊。尤其渊源不清，则学难究竟。汉代的文献传世较前代为多，近年汉代出土文献日增，虽不足以巨细问题尽然解决，但是与汉代之前相比，判若文献"可征"与"不可征"之别。所以，汉画作为中国形相资料的特殊阶段，据此观察可印之陈述，格局能佐之学理，现象会证之说明；位置靠史实印证，结构倚疏解诠释。因图像信息与文字信息的双重存在，将使汉画成为建立中国图像志，用形相学的方法透入历史、文化和人性的一个独特门类。此汉画作为中国文化研究关键理由之一。

两汉之世事人情、典章制度可以用文字表达者俱可在经史子集、竹帛简牍中钩沉索隐，而信仰气度、日常生活不能和不被文字记述者，当在形相资料中考察。形者，形体图像；相者，结构现象。事隔两千年形成的古今感受之间的千仞高墙，得汉画其门似可以过入。而中国文明的基业，多始于汉代对前代的总结、集成而制定规范；即使所谓表率万世之儒术，亦为汉儒所解释而使之然。诸子学说亦由汉时学人抄传选择，隐显之功过多在汉人。而道德文章、制度文化之有形迹可以直接回溯者，更是在汉代确立圭臬，千秋传承，大同小异，直至中国现代化来临。往日的学术以文字文献为主，自从进入图像传播时代，摄影、电视造就了人类看待事物的新方法，养成了直接面对图像的解读能力。于是反观历史，对于形相资料的重视与日俱增。因此，由于汉代奠定汉族为

---

[1] 对于古史，有所谓四重证据法：传世文献+出土文献+出土文物+依地形、位置和建筑建构遗存复原的文化环境设想。但任何史实，多少都有余绪流传至今，则可通过现今活态遗存，以今证古，这是西方人类学、文化地理学中使用的方法。例如，可从近日的墓葬石工技艺中考溯汉代制作；再如，今日非物质文化遗产中的祭祀庆典仪式，其中可能有此地同族举行同类型活动的延承，正所谓"礼失而求诸野"。所以，对于某些历史对象，可以采用六重证据法：传世文献+出土文献+出土文物+复原的文化环境设想+现今活态遗存+试验考古（即用当时的工具、材料、技术、观念重新试验完成一遍古代特定的任务）。对问题的追索无非依靠文字和形相两种性质的材料，故略称"文字图形"。

主体的文明而重视汉代，由于读图观相的时代到来而重视图画，此汉画之为中国文化研究关键理由之二。

"汉画"沿用习称。《汉画总录》关注的汉画包括画像石、画像砖、帛画、壁画、器物纹样和重要器物、雕刻、建筑（宗教世俗场所和陵墓）。所以，与《汉画总录》互为表里的国家图像数据库[2] 则称之为"汉代形像资料"，是为学术名称。

汉画研究根基在资料整理。图像资料的整理要达到"齐全"方能成为汉画学的基础。所谓齐全，并非奢望汉代遗迹能够完整留存至今，而是将现存遗址残迹，首先确定编号，梳理集中，配上索引，让任何一位学者或观众，有心则可由之而通览汉代的形相资料总体，了解究竟有多少汉代图形存世。能齐观整体概况，则为齐也。如果进一步追索文化、历史和人性的问题，则可利用这个系统，有条理、有次序地进入浩瀚的形相数据，横征纵析，采用计算机详细精密的记录手段和索引技术，获取现有的全部图像材料。与我们陆续提供给学界的"汉代古文献全文数据库"和"中文、西文、日文研究文献数据库"互为参究，就能协助任何课题，在一个整体学科层面上开展，减少重复，杜绝抄袭，推动研究，解决问题。能把握学科动态则为全也。《汉画总录》是与国家图像数据库相辅相成的一个长期文化工程，是依赖全体汉画学者努力方能成就的共同事业。一事功成，全体受益。如果《汉画总录》及其索引系统建成完整、细致、方便的资料系统，则汉画学的推进可望有飞跃发展，对其他学科亦不无帮助。

汉画编目和《汉画总录》的编辑是繁琐而细致的工作。其平常在枯燥艰苦的境况中日以继夜。此事几无利益，少有名声，唯一可以告慰的是我们正用耐心的劳动，抹去时间的风尘，使中国文明之光的一段承载——汉画，进入现代学术的学理系统中，信息充溢，条理清楚，惠及学界。况且汉画虽是古代文化资料，毕竟养成和包蕴汉唐雄风；而将雄风之遗在当今呈现，是对中国文明的贡献，也是为人类不同文明之间更为深刻的互相理解和世界在现代化中的发展提示参照。

人生有一事如此可为，夫复何求？

编　者

2006 年 7 月 25 日

---

[2] 2005年国家文化部将中国汉代图像信息综合调查与数据库项目纳入"国家数据库专项"系统。

# 编辑体例

《汉画总录》包括编号、图片、图片说明、图像数据、文献目录、索引六部分内容。

## 1. 编号

为了研究和整理的需要，将现有传世汉画材料统一编号。编号工作归属一个国家项目协调（《中国汉代图像信息综合调查与数据库》为国家艺术科学"十五"规划项目）。方法是以省、区编号（如陕西 SSX，山西 SX）加市、县，或地区编号（如米脂 MZ）再加序列号（三位），同一汉画组合中的部件在序列号之后加横杠，再加序列号（两位）。比如米脂党家沟左门柱，标示为 SSX-MZ-005-01（说明：陕西—米脂—党家沟画像石墓—左门柱）。编号最终只有技术性排序，即首先根据"地点"的拼音缩写的字母排列顺序，在同一地点的根据工作序列号的顺序排序。

地点是以出土地为第一选择，不在原地但仍然有确切信息断定其出土地的，归到出土地编号，并在图片说明中标示其收藏地和版权所有者。如果只能断定其出土地大区（省、区），则在小区（市、县、地区）部分用"××"表示。比如美国密歇根大学博物馆藏的出自山东某地，标示为 SD-××-001。如果完全不能断定其出土地点，则以收藏地点缩写编号。

编号完成之后，索引、通检和引证将大为方便。论及某一个形象或画面，只要标注某编号，不仅简明统一，而且可以在《汉画总录》和与此相表里的国家图像数据库（国家文化部将中国汉代图像信息综合调查与数据库项目纳入"国家数据库专项"系统）中根据检索方法立即找到其照片、拓片、线图、相关图像和墓葬的全部信息，以及关于这个对象尽可能全面的全部研究成果，甚至将来还可以检索到古文献和出土文献的相关信息，以及同一类型图像或近似图像的公布、保存和研究情况。

## 2. 图片

记录汉代画像石、画像砖的图片采取拓片、照片和线图相比照的方式处理。[1] 传统著录汉画的方式是拓片，拓片的特点是原尺寸拓印。同时，拓片制作时存在对图像的取舍和捶拓手工轻重粗精之别，而成为独立于原石的艺术品。拓片不能完整记录墓葬中画像砖石的相互衔接和位置关系，

---

[1] 由于在《汉画总录》的编辑方针中，将线描用于对图像的解释和补充，线描制作者的观点和认识会有助于读者理解，但也形成了一定的误导和局限，因此在无必要时，将逐步减少线描的数量，而把这个工作留待读者在研究时自行完成。

以及墓葬内的建筑信息，无法记录画像石上的墨线和色彩，对于非平面的、凸凹起伏的浮雕类画像砖石，也不能有效地记录其立体造型。不同拓片制作者以及每次制得的拓片都会有差异。使用拓片一个有意无意的后果是拓片代替原石成为研究的起点，影响了对画像石的感受和认知。拓片便利了研究的同时也限制了研究。只是有些画像砖石原件已失，仅存拓片，或者原石残损严重，记录画像砖石的拓片则为一种必要的方法。

照片对画像砖石的记录可以反映原件的质地和刻划方法、浮雕的凸凹起伏，能够记录砖石上的墨线和色彩，是高质量的图像记录中不可缺失的环节。线图可以着重、清晰地描绘物像的造型和轮廓，同时作为一种阐释的方法，可以展示、考察、记录研究者对图像的辨识和推证。采取线图、照片、拓片相结合的途径记录画像砖石，可相互取长补短，较为完备。

帛画、壁画和器物纹样一般采用照片和线图。

其他立体图像采用照片、三维计算机图形、平面图和各种推测性的复原图及局部线图。组合图与其他图表的使用，在多部组合关系明确的情况下，一般会给出组合图加以标明，用线描图呈现；在多部组合而关系不明确的情况下则或缺存疑。其他测绘图、剖面图、平面图以及相关列表等均根据需要，随著录列出，视为一种图解性质的"说明"。[2]

3. 图片说明

图片说明分为两个部分。其一是关于图片的基本信息，归入"4. 图像数据"中说明；其二是对于图像内容的描述。描述古代图像时，基于古今处在不同的观念体系中的这一个基本前提，采取不同方式判定图像。

3.1 尝试还原到当时的概念中给予解释 [3]，在此方向下通常有两种途径。

3.1.1 检索古代文献中与图像对应的记载或描述，作出判定。但现存的问题，一是并非所有图像都能在文献中找到相应的记载或解释，即缺乏完备性；二是这种对应关系是人为赋予的，文献

---

[2] 根据编辑需要，在材料和技术允许的情况下，会给出部分组合关系图。由于编辑过程受到各种条件的限制，尽其努力也无法解决全卷缺少部分原石图、拓片、线图的情况，或者极个别原石尺寸不齐的情况，目前保持阙如，待今后在补遗卷中争取弥补。

[3] 任何方式中我们都不可能完全脱离今人的认识结构这一立足点，不可能清除解释过程中"我"的存在，难以避免以今人的观念结构去驾驭古代的概念。完全回到当时当地观念中去只是设想。解释策略决定了解释结果。在第一种方式中，我们的目的不是把自己置换到古人的处境中去体验，而是去认识古人所用概念及其间结构关系。

与图像并不存在必然的联系，且不同研究者可能作出不同的判断 [4]；三是现存文献只是当时多种版本的一种，民间工匠制作画像石所依据的口述或文字版本未必与经过梳理的传世文献（多为正史、官方记录和知识分子的叙述）相符。

3.1.2 依据出土壁画上的题记、画像砖石上的榜题、器物上的铭文等出土文字材料，对相应图像作出判定，这种方式切近实况，能反映当时当地的用语，但是能找到对应题记的图像只占图像总体的一小部分。

3.2 在缺失文献的情况下，重构一种图像描述的方式——尽量类型化并具有明晰的公认性。如大量出现的独角兽，在尚不确定称其为"兕"还是"獬豸"时，便暂描述为独角兽，尽管现存汉代文献中可能无"独角兽"一词。同时，图像描述采取结构性方式，即先不做局部意义指定，而是在形状—形象—图画—幅面—建筑结构—地下地上关系—墓葬与生宅的关系—存世遗迹和佚失部分（黑箱）之间的关系等关系结构中，判定图像的性质或意义。尽管没有文字信息，图像在画面和墓葬中的位置和形相关系提供了考察其意义和功能的线索。

在实际图片说明中，上述两种方式往往并用。对图像的描述是在意识到这些问题的情况下展开的，部分指谓和用语延承了以往的研究，部分使用了新词，但都不代表对图像含义的最终判定，而只是一种描述。

## 4. 图像数据

图片的基本信息（诸如编号、尺寸、质地、时代、出土地、收藏单位等）实际上是图像数据库的一个简明提示。收入的汉画相关信息通过数据库的方式著录，其中包括画像石编号、拓片号、原石照片编号、原石尺寸 [5]、画面尺寸、画面简述、时代、出土时间、征集时间、出土地 [6]、收藏单位、原收藏号、原石状况（现状）、所属墓葬编号 [7]、组合关系、著录与文献等项。文字、质地、色

---

[4] 关于此前题材判定和分类的方法和问题，参见盛磊《四川汉代画像题材类型问题研究》，北京大学艺术学系99级硕士毕业论文。

[5] 原石尺寸的单位均为厘米，书中不再标识。

[6] 出土与征集的区分以是否经过科学发掘为界，凡经正式发掘（无论考古报告发表与否）均记为出土，凡非正式发掘（即使有明确出土地点和位置）均记为征集。

[7] 所属墓葬因发掘批次和年代各异，故记为发掘时间加当时墓葬编号，如1981M3表示党家沟1981年发掘的第3号墓葬。

彩、制作者、订件人、所在位置、相关器物、鉴定意见、发现人中有可著录者，均在备注项中列出。画像石墓表包括墓葬所在地、时代、墓葬所处地理环境、封土情况、发现和清理发掘时间、墓向、墓葬形制、随葬器物、棺椁尸骨、画像石装置，发现人、发掘主持人也在备注项中注出。建立数据库的目的和价值在于对数据库中的所有记录进行检索、比较、统计、分析，以期达到研究的完备性和规范性。[8]

## 5. 文献目录

文献目录列出一个区域（指对汉画集中地区的归纳，如陕北、南阳、徐州、四川等，多根据汉画研究的分区，而非严格的行政区划）有关汉画内容的古文献、研究论著和论文索引，并附内容提要。在每件汉画著录中列专项注出其相关研究文献。

## 6. 索引

按主题词和关键词建立索引项，待全部工作结束之后，做成总索引。因为《汉画总录》的分卷编辑虽然是按现在保管地区为单位齐头并进，但各种图像材料基本按出土地点各归其所，所以地名部分不出分卷索引，只在总索引中另行编排。

朱青生

北京大学历史学系艺术史教研室

北京大学汉画研究所

2006 年 7 月 31 日

---

[8] 对于存在大量样本和繁杂信息的研究对象，数据库的应用是有效的。在考古类型学中，传统的制表耗费时力，且不便记忆和阅读，细碎的分类常有割裂有机整体之弊。《汉画总录》的设想是：（1）无论已有公论还是存疑的图像，一律不沿用旧有的命名及在此基础上的分类，而按一致的规范和方法记录；（2）扩大图像信息的范畴，全面记录相关要素，包括出土状况（发掘/清理/收集）、发现人、出土时间、出土地点及其所属古代区划、画像材质、尺寸、所属墓葬形制、画像位置、随葬器物及其位置、画像保存状况、铭文、已有断代、画像资料出处、相关图片、相关研究、收藏地等。图像则记录单位图像的位置及其间的组合情况；（3）利用数据库，按不同线索和层次对图像信息进行查询、检索，根据统计结果作出判断。

# 目　录

前 言·······················································································10

图 录··············································（以汉画总录编号排列）
JS-XZ-185·············································································16
JS-XZ-186·············································································20
JS-XZ-187·············································································24
JS-XZ-188·············································································27
JS-XZ-189·············································································34
JS-XZ-190·············································································40
JS-XZ-191·············································································46
JS-XZ-192·············································································48
JS-XZ-193·············································································50
JS-XZ-194(1)·········································································54
JS-XZ-194(2)·········································································62
JS-XZ-195·············································································64
JS-XZ-196·············································································70
JS-XZ-197·············································································74
JS-XZ-198·············································································80
JS-XZ-199·············································································82
JS-XZ-200·············································································86
JS-XZ-201·············································································89
JS-XZ-202·············································································94
JS-XZ-203···········································································100
JS-XZ-204···········································································106
JS-XZ-205···········································································114

JS—XZ—206·······················································································116

JS—XZ—207 ·······················································································118

JS—XZ—208 ·······················································································126

JS—XZ—209 ·······················································································128

JS—XZ—210 ·······················································································130

JS—XZ—211 ·······················································································136

JS—XZ—212 ·······················································································138

JS—XZ—213 ·······················································································144

JS—XZ—214 ·······················································································146

JS—XZ—215 ·······················································································148

JS—XZ—216 ·······················································································156

JS—XZ—217·······················································································158

JS—XZ—218 ·······················································································162

JS—XZ—219·······················································································164

JS—XZ—220 ·······················································································166

JS—XZ—221 ·······················································································168

JS—XZ—222 ·······················································································170

JS—XZ—223(1) ·················································································172

JS—XZ—223(2) ·················································································174

JS—XZ—224 ·······················································································176

JS—XZ—225(1) ·················································································178

JS—XZ—225(2) ·················································································180

JS—XZ—226 ·······················································································182

JS—XZ—227(1) ·················································································188

JS—XZ—227(2) ·················································································190

JS-XZ-228 ·········································································································192

JS-XZ-229·········································································································194

JS-XZ-230·········································································································196

JS-XZ-231(1) ·····································································································198

JS-XZ-231(2) ·····································································································200

JS-XZ-232(1) ·····································································································202

JS-XZ-232(2) ·····································································································210

JS-XZ-233(1) ·····································································································212

JS-XZ-233(2) ·····································································································220

JS-XZ-234 ·········································································································222

JS-XZ-235·········································································································224

JS-XZ-236·········································································································226

JS-XZ-237 ·········································································································228

JS-XZ-238·········································································································234

JS-XZ-239·········································································································236

JS-XZ-240·········································································································238

JS-XZ-241·········································································································240

# 前　言

　　《汉画总录》徐州卷我们所用的时间最长，1996 年《汉画总录》项目刚刚开始，我们就到徐州进行了全面的考察和计划。本来《汉画总录》计划从徐州卷开始启动，但是由于各种原因，徐州卷到目前为止，决定分期和分区来进行。

　　《汉画总录》中"汉画"有一个宽泛的概念和一个狭义的概念。宽泛的概念就是"汉代形象"，这是北京大学汉画研究所主持的国家社科重大课题项目"中国汉代图像数据库与《汉画总录》编撰研究"题目所规定的。狭义的概念是传统所说的汉画，是指根据画像石画像砖所形成的拓片。《汉画总录》徐州卷以宽泛的汉画概念作为研究的方向，所以整个工作分成三期。所谓分期，是指在徐州市委宣传部冯其谱部长的主持之下，把徐州地区（含各区县）的博物馆、画像石馆、遗址和文化单位所收藏保管的画像石、画像砖、器物纹样和各种其他形象进行全面的著录。第一期是在2000 年之前就开始与武利华馆长、李银德馆长合作研究，对徐州汉画的整体情况和整个徐州画像石馆的编辑计划作了充分的探讨，具体著录工作在徐州博物馆李晓军馆长和徐州汉画像石艺术馆梁勇馆长的领导之下，首先对徐州汉画像石艺术馆的部分画像石进行了拍摄、捶拓、测绘和著录，经过北京大学汉画研究所的编辑工作，出版为 7 卷。第二期是在杨孝军馆长的领导之下，对徐州汉画像石艺术馆所有画像石进行一次彻底的清理，并对徐州地区各区县的博物馆、遗址继续进行整理，计划编为 20 卷左右。第三期是对其他汉代图像进行调查与著录。

　　所谓分区，就是徐州的画像石不仅仅保存在徐州汉画像石艺术馆，还分别存于徐州博物馆以及各个区县的文物保管部门，所以徐州卷按各个具体的保管单位来进行著录和编辑（以下具体编到哪一个部分，就写这一部分的细节）。

　　在徐州卷的编辑过程中出现了一个新情况。由于徐州汉画像石艺术馆保管和研究收藏能力强，所在城市经济实力强大，地区领导高度重视和支持，所以馆中收藏的画像石未必都是出自徐州地区，还包括具有各种来源的征集品和捐赠品。这样一来，在徐州所看到的画像石不一定是徐州画像石，而是有部分来自周围的地区，甚至来自相当遥远的区域，其出处不明确，流传过程曲折，给徐州卷的编辑造成了很复杂的情况。这就为《汉画总录》的著录和编辑工作带来了新的课题：我们如何在一个地区性的标志卷帙之下汇集地区来源不同，以及来源不明的画像石。

这就是"总录观念"，在编辑分类上属于分类全集（catalogue raisonné）的方法[1]，就是将图像材料切分成可以完成的类别，对这一类别所有的材料进行全面考察、著录、编辑、发表。对象的分类可以按其自身性质来划分，也可以用人为的规定来划分。比如根据人物（作者）记录这个人的全部作品，或者某一种类型的图像在一个时代（确定时段）和一定文化（确定区域和特殊文化性质）中的全部遗存。《汉画总录》徐州卷的分类确定为"徐州地区文物单位目前保管的现有汉代墓葬石刻图像材料"。汉代墓葬石刻图像材料并不是汉画的全部。我们在编辑《汉画总录》时，把汉画定义为"广义的汉画"，即汉代图像[2]（相对于汉代的实物和汉代的文献而言）。汉代的图像还包括画像砖、壁画和帛画、器物纹样（含平面的一般概念绘画，特别是构成幅面整体的图画）、纺织纹样和其他纹样，以及组成各种形相逻辑的图像关系。所谓图像关系，就是形相学中的"相性"，并不一定是一幅或一组确定的图画，而是各种现象和形象互相之间的一种连带关系，得以被记录、标识和展现出来的"图"。这个问题笔者在 2004 年已经作过论证与说明，当时正在编辑《汉画总录》（1–10 册）："一个画面首先是一根线条，再由线条造成一个图形，然后由图形来构成形象，形象变成图画，图画进一步发展为图像，图像就是诸多图画的集合，是一个有意义的画面。接下来是方位问题，任何一个图画都要处于一定的位置上才会有意义，这些有意义的图画进一步与非图画成分形成整体构造，再进一步在整体结构中与墓下—墓上的系统发生关系。再向前推一步是与地理环境的关系，任何地理环境都有一个在特殊观念中形成的图像。这样的'关系'可概括为 10 层，分别为线条与形状、形状与图形、图形与形象、形象与图画、图画与图像、图画与（它所在方位组成的）画幅、画幅与（非图画器物因素构成的）整体、整体与（全部）墓内、墓内与墓上、墓葬与地理环境的关系等，因此在研究汉画时，北京大学汉画研究所的方法就是在这十层'关系'中进行解释。现在有许多学者已经开始注意到这种关系，我们进一步认为研究单独的一件作品是'形学'，它们之间相互关联与对应的关系是'相学'。"

[1] 这个概念在编辑伊始已经确立，但是对《汉画总录》作为catalogue raisonné（分类全集）和作为图像志（iconography）的基础这一点当时没有充分强调。

[2] "中国汉代图像数据库与《汉画总录》编撰研究"（项目批准号：12&ZD233）的阶段性成果呈现。该项目同时是由广西师范大学出版社申报、由国家新闻出版总署批准支持的出版项目，拟资助全国范围内共计200册《汉画总录》的出版。这里的200册收录的是广义的汉画，即中国汉代图像数据。

这个方法也可以扩展到今后对于来源不清或者真假程度存疑的作品的辨识。随着社会经济的发展，据称仅徐州地区就正以每天几十块的生产量在制造汉代画像石的复制品。复制品一方面作为文化产业的产品，成为建筑和装饰工程的材料，满足在文化自信发展的时代，人们对带有汉代艺术风格和内容的作品的欣赏需要；另外一方面，它也有意和无意地变成一个造假的生意、行当，利用汉墓中发掘出土的石头，按画像石的各种图样进行刻画，有些则是在真实的画像石上补刻（文字和复杂图像），更多的是仿制新刻，甚至对同一件作品进行批量生产，混入古代原作，成为赝品，通过各种销售场景和环节的设局，分销各地。所以，今后在各个收藏中间都会掺入大量不仅来源不明而且真假难辨的作品。当然，在编辑徐州卷之前，《汉画总录》只收罗在公共收藏中出处清晰、保管记录流传有序、收藏记录明确的作品。这是基本原则，以后也还会以此为基础。但是随着工作的推进，徐州卷就大量地涉及了这一部分流转搜集、来源不明的藏品，此类藏品甚至已经成为地方博物馆的重要部分。而在中国普遍存在的大量的私人收藏，大多是未经考古发掘、出处不详、来源不明的藏品。如果对这一部分完全忽视，不加著录，忽视的就不仅仅是几块石头，而是作为汉画全集的资料的整体。出处不明，不代表其不是；真赝难辨，不代表其完全不真！这个情况在徐州卷之前所编辑的各地汉画中也零星地存在，比如在陕北卷里面就有很多藏品是征集而来，出处不明，而且也有个别真伪无法绝对确定的作品。2011 年完成陕北卷时，我们就确立了这样的"总录观念"："由于上述的 21 世纪之前汉画不作为重要文物而零散流落，21 世纪以来又有许多流散和新出土的汉画流落在私人收藏中，公共机构和国家博物馆的购藏过程也无法避免各种盗掘、作假的作品异地流通，通过不正当渠道及手续进入博物馆收藏，所以真正通过科学发掘的汉画在整体汉画范畴中所占比例不高。因此既要广泛地记录汉画的现象，又要对可能的怀疑留下依据，同时也要将汉画的一些各种原因零落流散的重要证据尽可能地保存。《汉画总录》采取了 catalogue raisonné（分类全集）的现代观念来进行著录。在这种著录过程中，不是把一个对象简单地定义为真或伪，来源清晰或模糊，整体或零碎，具备或不具备确切年代，而是将其各种记录、争论、判断一并记录，给出怀疑的余地和补救的可能，把汉画的整体现象，包括明显作假却有相当的警示和对照作用的作品，也选择其典型案例进入总录，使得对汉画的著录变成一个相对来说既精密，又可以不断趋向更为精密的研究记录。当然，由于收录制度的严密，编辑委员会对于明显造假的作品一律不收，除非作为对比的案例陈列。《汉画总录》不收任何没有原始文物的拓片和照片（除非用于对比和残损补充）。"[3]

因此对于这些问题，我们采取的办法是，在著录时针对出处和来源的标示进行不同程度的区分。《汉画总录》徐州卷的部分将作这样的区分：

第 1 种，凡是有明确出土地点并且流传、收藏记录完整者，标明出处。

第 2 种，凡源自征集、来源直接并知道大概地域者，标为征集，并且注明大概的征集地点。

第 3 种，出处不明、由各种流通渠道征集者，标为征集。

第 4 种，从各种渠道进入、缺少基本的征集信息，或者记录信息有明显讹误者，标成馆藏。

我们明确建议《汉画总录》的使用者应该有这样一个清晰的区别意识：凡是标明"征集（无出土地点）"和"馆藏"的画像石，在引用时必须比对其他信息，多加考证，不可以直接引用。对这样的作品的鉴别是进行研究活动的必要前提和伴随工作。随着国家经济的发展和市场经济的繁荣，考古器物和文物的存世会出现一些复杂的情况，愈演愈烈。因此今后在著录的过程中，《汉画总录》将秉持徐州卷所确立的这个方向，继续往更为细致和深入的方向作出区别和认定。

有了分类全集作为基础，就能将存世并封存于各处的全部相关材料进行通检和比对，从而就能编辑更为精密的图像志。经过仔细的检验图像志的整体工作之后，个案研究才更容易展开，因为其基础材料的检验系统和数据系统事先已经完整成立。也许这是在计算机数据库和互联网时代，在学术研究的新的条件下提出的新的要求。

汉代许慎编《说文解字》，搜罗和查遍汉和帝永元十二年（公元 100 年）到汉安帝建光元年（公元 121 年）之前的所有字样（文字资料），收字 9353 个，另收"重文"（即异体字）1163 个，总共获得 10516 字，再将这些个别的字分成 540 个部首，按类编排，逐字解释，先辨析字体来源，再研究意义的赋予与延伸，成为中国在汉代的文字方面的一部基准字典。虽然东汉中后期由于今文经学的影响，对文字的意义的附会在所难免，当时又没有严格的文字考古，对每一个字只从古文（六国文字，含零星的两周遗文）到小篆溯源，而非从甲骨文、金文的形式演变路径追溯，更谈不上对从图像到文字的演变路径的思索，也不会顾及语言从图—音混合交错地形成文字的心理和环境

---

[3] 朱青生、张欣、任楷：《〈汉画总录〉编辑的方法》，未刊稿。

过程因素，但这部字典仍是讨论中国文字问题的根据和基础。

　　中国在汉代也有一个同样丰富复杂的图像系统，但是当时没有人编撰整理图谱，及至如今，问题变得非常复杂，不仅对每个形象（线条—形状所建构的可辨认的形相层次）和图画（具有构图关系的形象组合）没有分门别类的谱系认识，而经由形象—图画—图像—画幅构成的形相逻辑更是交织纠缠，多个意义来源并置。以马王堆1号汉墓的帛画为例，这一件（多画幅）图像中所显现出来的形象和图画并不是来源于一个形相系统，也不是根植于一个完整的理论框架和观念系统，这样一来，如何解释帛画就莫衷一是。[4] 所以我们只能把墓葬中使用的图像问题看成是一种图样的铺陈 [5]，而不能看成是一个具有完整意义的图画和密码系统设计。但是今天我们反过来对以汉代为主体，并囊括汉代以前的所有图样进行通盘检验，其实还是希望通过大数据整合找出汉画即汉代形象的整体的意义系统结构，只不过这个意义系统不可以过于穿凿定义与细节，而需要高度谨慎地悬置于一个大体意义框架解释上，为多方面的推敲留有余地。比如南北朝佛教传入后的图像系统，丝绸之路的打通，使西边的图像传统先于佛教传入。丝绸之路并非因为佛教而打通，而是打通之后佛教才逐步渗透，图像也是如此。对于这些逐步掺入图像系统的意义，到底应该怎么来辨析？首先还是必须对汉代整体部分进行根本的梳理和编辑，才能够逐步对比出哪些是汉族地区非本来的因素。

　　虽然汉代图像分类全集这个工作今天还是存在很多的缺环，但也不是不可以做部分展开图像志的工作，《汉画总录》的编辑本来就是为构建这样的逐步完善却永无止境的图像志作准备，正如我们一开始的总体思路：

　　《汉画总录》作为中国图像志的基础部分，是中国图像志的关键性工程。从中国图像志整体工程而言，在汉代之前，大量图像因为没有文献证据，根本无法建立确切的图像志，必须靠汉代的图像志来反推，因为汉代既有大量的成体系的图像，也有相关的文献，可以对其加以确证。汉

---

　　[4] 参见Jerome Silbergeld，"Mawangdui, Excavated Materials, and Transmitted Texts: A Cautionary Note"，*Early China*，Vol. 8 (1982–83), pp. 79–92。

　　[5] 2004年我在纪念马王堆汉墓发掘30周年国际学术讨论会上作大会发言，发表了"铺陈说"的理论，同时论证马王堆帛画在墓葬中并不是预先设定和高度尊崇的元素，其画面内容并不是出于同一个意义系统，图画之间也不存在严密的形相逻辑关系，而且也不具备任何引魂升天的意指。

代之后，也必须以汉代为基础，才能推到唐代及唐以后。所以，汉代图像是中国图像志构建过程中一个不可替代的关键性工程。从图像志编制本身的技术规程而言，即从艺术史的研究技术而言，先有分类全集即总录，然后才能在此基础上编辑图像志。任何图像志即图谱都是在所有的相关图像得到整体调查，理论上全部集全之后才能够进行归类整理和溯源考证（这里的研究空间永无边际）。有了图像志的图像认识之后方能进行专门问题的扩展，引申出"新艺术学"，即对各种图像所记录和显示的意义进行历史学、社会学、人类学、文化学、心理学甚至经济学问题的研究。反过来，这样的研究又促进和帮助了对图像志的校正与深入了解。

《汉画总录》是各学科研究的共同基础项目。在图像时代到来之后，原来以文字文献为主导的科学研究和文明记录方式会被日益普及的以文字和图像为共同基础的研究方法和研究手段代替。图像数据库的建立不仅是和艺术学相关的科目的基础，而且是各门社会科学和人文科学的共同基础项目，比如 21 世纪的古典学科在西方已经不单是语言学，还包含了图像和物质材料的重大扩展。事实上，中国的文、史以及社会科学的研究，已经大量使用图像材料，只是缺乏基础建设，这种使用才因此显得零星而散乱。

《汉画总录》是现代人文和社会科学方法论的前沿研究。如何在读图时代和新媒体时代记录图像、使用图像，是处在今天世界哲学最前沿的图像回归问题。对图像的技术性处理涉及传播和跨学科（与物理学、生物学）的视觉与图像构成，以及计算机中的大量所谓数字内容的基础理论和运用实践，更直接的联系是和计算机视觉传播以及创意产业、动漫产业之间的关系。没有图像志，就等于没有一部"图画的字典"。

朱青生于北京大学汉画研究所

2019 年 9 月 24 日

15

| 编号 | JS-XZ-185 |
|---|---|
| 时代 | 东汉 |
| 出土/征集地 | 铜山县台上村出土 |
| 出土/征集时间 | |
| 原石尺寸 | 45×50×8 |
| 质地 | 石灰岩 |
| 原石情况 | 原石呈方形，左上角残。 |
| 组合关系 | |

**画面简述** 此图为浅浮雕。画面刻二人对坐六博，皆身着长袍，双手抬起，居右者头戴冠，胡须飘扬（？）。二人间有一三足承旋，上置一酒樽，樽中置一勺，樽旁二耳杯。承旋后方为一六博棋盘，棋盘图案刻画清晰，棋盘旁刻有博戏用六箸（琴？）。右侧人物有花纹帷幔。画面四周有双框，框内填刻卷云纹（？）。

**著录与文献** 武利华、王黎琳：《徐州汉画象石》，南京：江苏美术出版社，1985年，图178；徐毅英主编：《徐州汉画像石》，北京：中国世界语出版社，1995年，第47页，图55；中国画像石全集编辑委员会编：《中国画像石全集·4·江苏、安徽、浙江汉画像石》，济南：山东美术出版社，郑州：河南美术出版社，2000年，第43页，图60；武利华主编：《徐州汉画像石》，北京：线装书局，2004年，第87页，图87。

**收藏单位** 徐州汉画像石艺术馆

JS-XZ-185 局部

| | |
|---|---|
| 编号 | JS-XZ-186 |
| 时代 | 东汉 |
| 出土/征集地 | |
| 出土/征集时间 | |
| 原石尺寸 | 43×100×10 |
| 质地 | 石灰岩 |
| 原石情况 | 原石呈长方形,右端残。 |
| 组合关系 | |
| 画面简述 | 此图为浅浮雕。画面分左右两格。左格刻一树。右格为二羊,皆低首,羊角相抵,左、右、上边沿有连弧纹。画面四周有框。 |
| 著录与文献 | |
| 收藏单位 | 徐州汉画像石艺术馆 |

JS-XZ-186 局部

| | |
|---|---|
| 编号 | JS-XZ-187 |
| 时代 | 东汉 |
| 出土/征集地 | 邳州陆井乡庞口村汉墓 |
| 出土/征集时间 | |
| 原石尺寸 | 77×148×21 |
| 质地 | 石灰岩 |
| 原石情况 | 原石呈长方形，基本完整。 |
| 组合关系 | |
| 画面简述 | 此图为浅浮雕。画面自上而下分四格。第一格刻连弧纹。第二格刻云气纹。第三格刻三兽（鹿？）向左奔逃，皆四蹄跃起，中间一兽回首后望，最右端有一人，身着及膝长袍，衣袖高挽，持矛（？）驱赶三兽。第四格刻四鱼。画面左、右、上有双框，填刻斜线纹。 |
| 著录与文献 | 武利华主编：《徐州汉画像石》，北京：线装书局，2004年，第143页，图143。 |
| 收藏单位 | 徐州汉画像石艺术馆 |

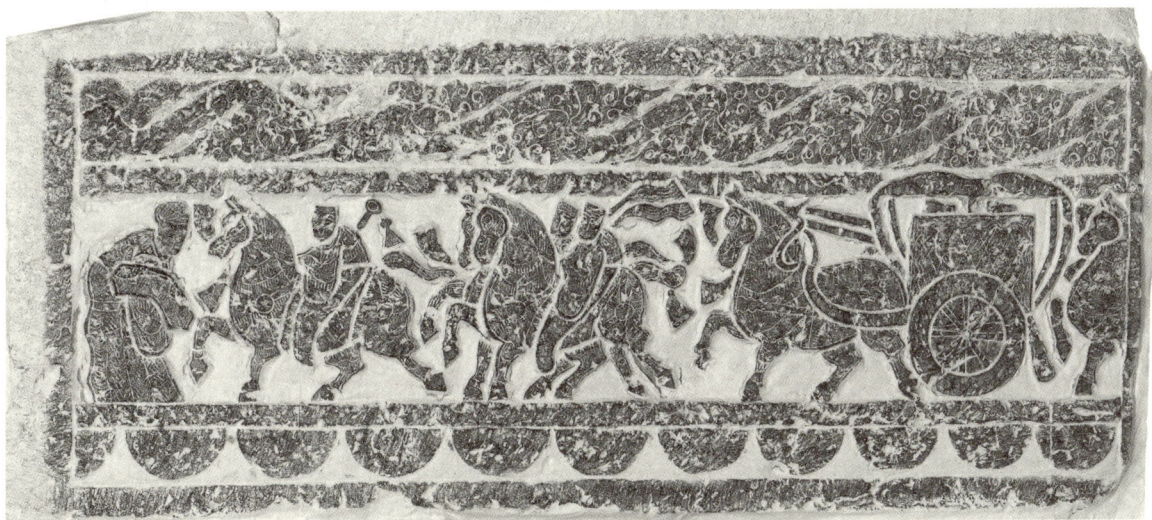

| 编号 | JS-XZ-188 |
|---|---|
| 时代 | 东汉 |
| 出土/征集地 | |
| 出土/征集时间 | |
| 原石尺寸 | 46×106×24 |
| 质地 | 石灰岩 |
| 原石情况 | 原石呈长方形，基本完整。 |
| 组合关系 | |
| 画面简述 | 此图为浅浮雕。画面刻车马行列，从右向左行进。最左端为一门吏捧盾，躬身迎谒。其右为一导骑，骑手佩剑，剑柄系缨。其后为二导骑并行，骑手皆举幡（？）。其后为一马拉一四维轩车（？），马颈套车轭，马身驾车辕，车轮八辐，车厢内有一御者、一乘者，仅可见二人所戴之冠。最后为一马前半身。画面四周有框，其中上、下为双框，上框内阴线刻云气纹，下框内为连弧纹。 |
| 著录与文献 | |
| 收藏单位 | 徐州汉画像石艺术馆 |

JS-XZ-187 局部

JS-XZ-187 局部

| 编号 | JS-XZ-189 |
|---|---|
| 时代 | 东汉 |
| 出土/征集地 | |
| 出土/征集时间 | |
| 原石尺寸 | 29×101×40 |
| 质地 | 石灰岩 |
| 原石情况 | 原石呈长方形，基本完整。 |
| 组合关系 | |
| 画面简述 | 此图为浅浮雕。画面刻车马行列，从右向左行进。最左端为一导骑，马首系飘带，骑手持棨戟（？），马旁有一圆形凸起。其后为二马拉一轺车，马首系飘带，马颈套车軛，马身驾车辕，车轮八辐，车上有一御者、一乘者，皆头戴进贤冠。其后为二马拉一轺车，马首系飘带，马颈套车軛，马身驾车辕，车轮八辐，车上有一御者、一乘者，皆头戴进贤冠。画面四周有框。 |
| 著录与文献 | |
| 收藏单位 | 徐州汉画像石艺术馆 |

JS-XZ-189 局部

JS-XZ-189 局部

| 编号 | JS-XZ-190 |
|---|---|
| 时代 | 东汉 |
| 出土/征集地 | 徐州贾汪出土 |
| 出土/征集时间 | |
| 原石尺寸 | 95×94×19 |
| 质地 | 石灰岩 |
| 原石情况 | 原石断为四块，上端残。 |
| 组合关系 | |

画面简述　此图为浅浮雕。画面分上下两格。上格左刻一四阿式房屋，仅见右半部分，檐柱上承斗栱，下有柱础。屋顶上立一凤鸟，仅见尾部，尾分三歧。屋内有二人拱手端坐于榻上，屋外有四人侍立，最左一人头部残损。右端为一树，树干弯曲，树顶立一鸟，其左有一飞鸟，树间有二鸟巢，巢中各有三幼鸟，树下有一猴（？）攀爬。下格为车马行列，从右向左行进，最左端为一轩车，车轮八辐，车厢口坐一御者，车厢内一乘者，仅见其所戴进贤冠。其后为一从骑，骑手持棒（？）。其后为一马拉轺车，马颈套车轭，马身驾车辕，车轮八辐，车上有一御者、一乘者，皆头戴进贤冠。最后为一门吏持盾躬身相送。画面右、下有双框，右框内为菱形套连纹（？），下框内为竖纹（？）。

著录与文献

收藏单位　徐州汉画像石艺术馆

JS-XZ-190 局部

JS-XZ-190 局部

| | |
|---|---|
| 编号 | JS-XZ-191 |
| 时代 | 东汉 |
| 出土/征集地 | 铜山县汴堂出土 |
| 出土/征集时间 | |
| 原石尺寸 | 45×233×18 |
| 质地 | 石灰岩 |
| 原石情况 | 原石呈长方形，断为左右两块。 |
| 组合关系 | |
| 画面简述 | 此图为浅浮雕。画面刻车马行列，从右向左行进。最左端为一人拱手躬身迎谒，头戴进贤冠。其右有一树，树旁为一导骑，其后为一马拉一辂车，马颈套车轭，马身驾车辕，车轮八辐，车上有一御者、一乘者。其后为二从骑，后为一马拉一轩车，车厢口坐一御者。最右为二从骑。画面四周有框，下部仿刻五层门框结构（？）。 |
| 著录与文献 | |
| 收藏单位 | 徐州汉画像石艺术馆 |

| | |
|---|---|
| 编号 | JS-XZ-192 |
| 时代 | 东汉 |
| 出土/征集地 | |
| 出土/征集时间 | |
| 原石尺寸 | 41×239×28 |
| 质地 | 石灰岩 |
| 原石情况 | 原石呈长方形，基本完整。 |
| 组合关系 | |
| 画面简述 | 此图为浅浮雕。画面刻车马行列，从右向左行进。最左端为一人拱手躬身迎谒，其右为一导骑。其后为一马拉二维辌车，马颈套车轭，马身驾车辕，车轮八辐，车上有一御者、一乘者。其后为一马拉二维辌车，马颈套车轭，马身驾车辕，车轮八辐，车上有一御者、一乘者。其后为一马拉二维辌车，马颈套车轭，马身驾车辕，车轮八辐，车上有一御者、一乘者。其后为二从骑。最后为二人躬身相送。画面四周有框，其中左、右、上为双框，框内填刻连弧纹。 |
| 著录与文献 | |
| 收藏单位 | 徐州汉画像石艺术馆 |

| 编号 | JS-XZ-193 |
|---|---|
| 时代 | 东汉 |
| 出土/征集地 | |
| 出土/征集时间 | |
| 原石尺寸 | 24×80×22 |
| 质地 | 石灰岩 |
| 原石情况 | 原石呈长方形，左侧残。 |
| 组合关系 | |
| 画面简述 | 此图为浅浮雕。画面左端残，刻车马行列，从右向左行进。最左端仅见一轺车后部，车轮十（？）辐，车上有一乘者，头戴进贤冠。其后为一马拉二维轺车，马首系飘带，马颈套车轭，马身驾车辕，车轮十（？）辐，车上有一御者、一乘者，皆头戴进贤冠，御者手执缰绳，马下方有云气，车上方有一飞鸟。其后为一马拉二维轺车，马首系飘带，马颈套车轭，马身驾车辕，车轮八辐，车上有一御者，头戴进贤冠，手执缰绳。画面右边有框。 |
| 著录与文献 | |
| 收藏单位 | 徐州汉画像石艺术馆 |

JS-XZ-193 局部

| | |
|---|---|
| 编号 | JS-XZ-194(1) |
| 时代 | 东汉 |
| 出土/征集地 | |
| 出土/征集时间 | |
| 原石尺寸 | 65×76×16 |
| 质地 | 石灰岩 |
| 原石情况 | 原石呈长方形，右侧残。 |
| 组合关系 | |
| 画面简述 | 此图为浅浮雕。画面分上中下三格。上格最左端为一人端坐于榻上，榻前立一壶。其面前跪四人，第一人低首，其余三人拱手，皆躬身而拜。五人皆头戴进贤冠。其后图像漫漶，似有一人在几前，活动不明，其右一人手持弓（？）。中格为庖厨图像。最左端似刻一悬挂刀，其下为一灶，灶上置一甑，灶前跪一人烧火，其身旁一人以长柄器物伸入甑中搅拌。烧火者身后有一人，似在劈柴，其身后有一筐。其右为一井，井旁一女子从井中打水，井沿立一鸟（？）。最右端为一树干，树旁立一人，手中牵一牛，牛首之下置一盆。下格为车马行列，从左向右行进。最左端为一人躬身相送，其右为一马拉一轺车，马颈套车轭，马身驾车辕，车上有一御者、一乘者，皆头戴进贤冠，御者手执缰绳。再右为一牛拉一车，车上有一御者、一乘者，皆头戴进贤冠，御者持鞭。最右端为一轺车，车上有一乘者。画面上、下、左有框。 |
| 著录与文献 | |
| 收藏单位 | 徐州汉画像石艺术馆 |

JS-XZ-194(1) 局部

JS-XZ-194(1) 局部

| | |
|---|---|
| 编号 | JS-XZ-194(2) |
| 时代 | 东汉 |
| 出土/征集地 | |
| 出土/征集时间 | |
| 原石尺寸 | 65×16×76 |
| 质地 | 石灰岩 |
| 原石情况 | 原石呈长方形，左侧残。 |
| 组合关系 | |
| 画面简述 | 此图为浅浮雕。画面分上下两格。上格刻一门吏持彗（？）而立，身着及膝短袍。下格为一人拱手躬身而立，身着长袍。画面上、右两侧有框。 |
| 著录与文献 | |
| 收藏单位 | 徐州汉画像石艺术馆 |

| | |
|---|---|
| 编号 | JS-XZ-195 |
| 时代 | 东汉 |
| 出土/征集地 | 沛县古泗水出土 |
| 出土/征集时间 | |
| 原石尺寸 | 85×95×23 |
| 质地 | 石灰岩 |
| 原石情况 | 原石呈长方形，上、右两侧皆残。 |
| 组合关系 | |
| 画面简述 | 此图为浅浮雕。画面分上下两格。上格刻一四阿式两层楼房，檐柱上承斗栱，下层为大门，门扇略开，露出一人半边身体。上层有两间房，大门上方一间有三人，左二人、右一人拱手对坐。其右一间立一鹗（？）。楼外左侧立三人，皆头梳高髻；右侧有一楼梯，楼梯口立三人，二人正在上楼。下格为车马行列，从右向左行进。最左端为一四阿式房屋右半边，屋旁立一人，其右为一人捧盾躬身迎谒。右为三导骑，一骑在前，二骑在后，为首马旁置一下马石（？）。导骑之后为一马拉一轩车，马颈套车轭，马身驾车辕。上方空白处有三飞鸟。画面左、下有双框，其中下框内为双层菱形纹。 |
| 著录与文献 | 武利华主编：《徐州汉画像石》，北京：线装书局，2004 年，第 112 页，图 112。 |
| 收藏单位 | 徐州汉画像石艺术馆 |

JS-XZ-195 局部

JS-XZ-195 局部

| 编号 | JS-XZ-196 |
|---|---|
| 时代 | 东汉 |
| 出土/征集地 | |
| 出土/征集时间 | |
| 原石尺寸 | 38×125×25 |
| 质地 | 石灰岩 |
| 原石情况 | 原石呈长方形，基本完整。 |
| 组合关系 | |
| 画面简述 | 此图为浅浮雕。画面刻人物行列，从右向左行进。最左端为一人拱手躬身迎谒，其右二人，皆头戴进贤冠，身着长袍，双手捧简（？）。其后为一人以绳拉一无盖双轮小车，头顶戴雄鸡冠（？），腰间戴一套（？），一手牵绳，一手握鸟颈，车轮八辐，车上有一乘者，头戴进贤冠，手持便面（？）。车后有二人，皆头戴进贤冠，身着长袍，双手捧简（？）。画面四周有框，其中左、右、上为双框，双框外有一层阴线框。 |
| 著录与文献 | |
| 收藏单位 | 徐州汉画像石艺术馆 |

JS-XZ-196 局部

| 编号 | JS-XZ-197 |
|---|---|
| 时代 | 东汉 |
| 出土/征集地 | |
| 出土/征集时间 | |
| 原石尺寸 | 79×156×15 |
| 质地 | 石灰岩 |
| 原石情况 | 原石呈长方形，基本完整。 |
| 组合关系 | |

画面简述　此图为浅浮雕。画面自上而下分四格。第一格画面左右各有一四阿式（？）重檐建筑，檐下皆有双柱。左侧建筑柱间一人，左侧柱外三人，右侧柱外一人，皆面向建筑而立；右侧建筑柱间一人，左侧柱外一人，右侧柱外三人，亦面向建筑而立。左侧建筑右侧有三坡道，上方坡道有一骑，前方二人，皆持戟（矛？）；中间坡道三人，皆持戟（矛？）；下方坡道之上露出多支竿状物（戟或矛？）。右侧房屋之左有二坡道，坡道之上各有三人（？），坡道下方似为庖厨题材，上方悬挂一排食物（？），下方画面漫漶，似为人物若干（？），或坐或立。上格画面中央又分三格，上格为战争场景，左侧一骑及五人，皆持戟（？）或捧盾，其右五人及一骑，亦持戟（矛？），左右两侧人马相向而行；中格八人正面端坐，两人间各置一耳杯（？），右端一人面左拱手躬身，八人下方有栏杆（榻？），侧面饰圆形纹；下格中央一人手持便面，面左踞坐，为尊者，其面前二人俯身跪拜，二人身后五人执笏（？），面左俯首躬身踞坐，尊者身后四人，面左执笏（？），俯首躬身踞坐。第二格左端二骑，持戟，面右而行；其右二骑；再右一人面左踞坐，其身后一人持笏（？），躬身面左而立；其右三人，面左俯身跪拜；其右立一人；再右五人，持笏（？），面右躬身而立；再右二人相对技击（？）；再右一人，形象不可辨；其右二人面左而立；其右一人面右而立；再右二人，持笏（？），面右躬身跪立；再右三人，面左跪立（？）。第三格左侧四骑，皆持戟（？）右行；其右立三人，居左者面左拱手躬身，居右者面右拱手躬身；再右九人，

皆持棨戟（？）左行。第四格为车马出行题材，自右向左行进，车前皆有御者控缰持鞭，画面左端一导骑，其右为一辆二马轺车；其右为一辆一马軿车（？）；再右为一辆一马轺车；其右为一辆二马軿车（？）；其右为一辆三马軿车（？）；再右为一辆一马轺车；画面右端一人，拱手躬身而立。画面四周有框。

**著录与文献**

**收藏单位**  徐州汉画像石艺术馆

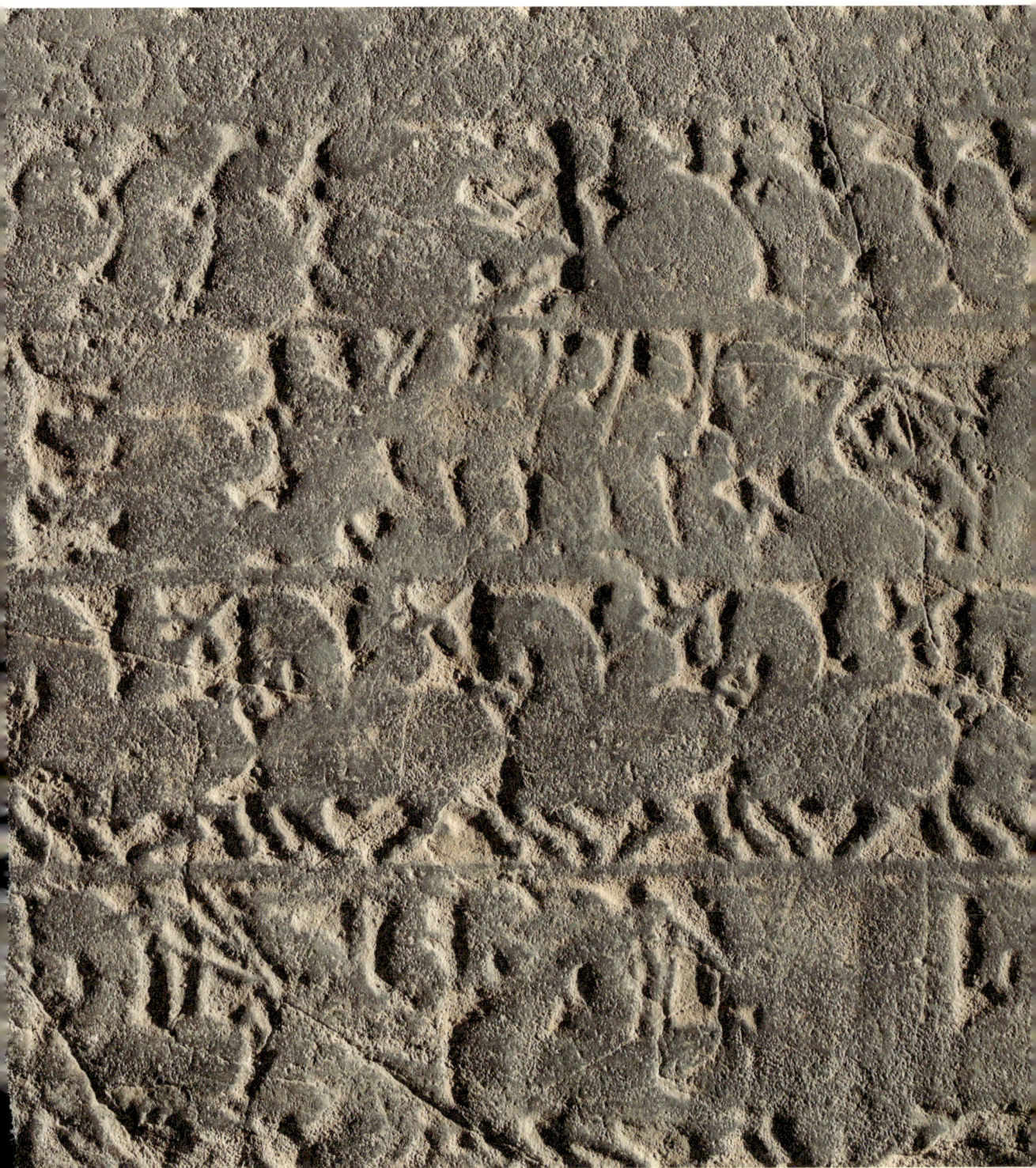

JS-XZ-197 局部

| | |
|---|---|
| 编号 | JS-XZ-198 |
| 时代 | 东汉 |
| 出土/征集地 | |
| 出土/征集时间 | |
| 原石尺寸 | 102×51×10 |
| 质地 | 石灰岩 |
| 原石情况 | 原石呈长方形，断为上下两块。 |
| 组合关系 | |
| 画面简述 | 此图为浅浮雕。画面刻一铺首衔环，铺首双目圆睁，一凤鸟立于其上，头生羽冠，尾分三歧。画面四周有框。 |
| 著录与文献 | |
| 收藏单位 | 徐州汉画像石艺术馆 |

| 编号 | JS-XZ-199 |
|---|---|
| 时代 | 东汉 |
| 出土/征集地 | |
| 出土/征集时间 | |
| 原石尺寸 | 49×110×14 |
| 质地 | 石灰岩 |
| 原石情况 | 原石呈长方形，左侧残。 |
| 组合关系 | |
| 画面简述 | 此图为阴线刻。画面刻胡汉战争场景，两列骑兵从右向左行进。上列有四骑，最左端似有一人躬身，头部残缺，其后一马，马下有二人无头，其后有三骑手。下列有五骑，最左边骑兵持盾和环首刀，其后有四骑手，第二、第三骑间有二胡人头颅（？）。 |
| 著录与文献 | |
| 收藏单位 | 徐州汉画像石艺术馆 |

JS-XZ-199 局部

| 编号 | JS-XZ-200 |
|---|---|
| 时代 | 东汉 |
| 出土/征集地 | |
| 出土/征集时间 | |
| 原石尺寸 | 35×62×20 |
| 质地 | 石灰岩 |
| 原石情况 | 原石呈长方形，上端残。 |
| 组合关系 | |
| 画面简述 | 此图为剔地阴线刻。画面刻一桥，桥正中为一导骑，骑手头戴进贤冠，一手持鞭，一手拉缰绳，其后为一马拉一四维轺车正在上桥，马颈套车轭，马身驾车辕，车上有一御者、一乘者，皆头戴进贤冠，御者手执缰绳，马上方有一飞鸟。导骑前方有二人躬身迎谒，居前者捧盾，头戴武弁大冠，其上方有一飞鸟，居后者执笏。上部刻战争场景，导骑右上方刻一人跪，双手被缚，其上方有二骑向左飞奔，右骑者正在拉弓。两马中间可见二胡人头颅（？）。左骑下躺一无头尸。右端为二人搏斗，画像残，居左者似持矛。桥下为捕鱼场景，左桥柱左侧有一人蹲地拾一鱼，左侧有一鸟伸颈欲啄鱼，另有两鸟首探出。左、右桥柱之间为三人捕鱼，居左者腰间佩鱼篓，右手以筌罩住一鱼，左手抓一鱼，其脚下亦有一鱼；居中者腰间佩鱼篓，双手压筌，罩住一鱼，其脚下亦有一鱼；居右者坐在筌上，双手举鱼篓至面前。右桥柱右侧有一人乘舟钓起一鱼，船上有一筌，船下有一鱼，鱼身后有一鸟正潜入水中欲咬鱼。画面左、右、下有双框，框内为锯齿纹（？）。 |
| 著录与文献 | |
| 收藏单位 | 徐州汉画像石艺术馆 |

| | |
|---|---|
| 编号 | JS-XZ-201 |
| 时代 | 东汉 |
| 出土/征集地 | |
| 出土/征集时间 | |
| 原石尺寸 | 61×146×29 |
| 质地 | 石灰岩 |
| 原石情况 | 原石呈长方形，右侧残。 |
| 组合关系 | |
| 画面简述 | 此图为浅浮雕。画面刻胡汉战争场景，最左端为起伏山峦，右为从右向左飞奔骑兵。山旁可见一马后半身，其后有三排共六骑，最右上一骑无骑手，其余五骑手皆回身向后张弓射箭。第三排骑兵身后躺一无头尸。最右端应为追兵，画像残。右下角有一人，一手前伸，一手举刀（？），割下尸体头颅，其身后可见二马腿，其上有一骑。画面上、下有双框，框内上为二层菱形纹，下为竖纹（？）。 |
| 著录与文献 | |
| 收藏单位 | 徐州汉画像石艺术馆 |

JS-XZ-200 局部

| 编号 | JS-XZ-202 |
|---|---|
| 时代 | 东汉 |
| 出土/征集地 | |
| 出土/征集时间 | |
| 原石尺寸 | 133×95×12 |
| 质地 | 石灰岩 |
| 原石情况 | 原石呈长方形，右侧上角有长方形缺口。 |
| 组合关系 | |
| 画面简述 | 此图为浅浮雕。画面自上而下分四格。第一格刻一羽人持棒（？），击身前翼虎。第二格左为一熊，四肢张开，右为一羽人喂一凤鸟食珠，凤鸟头生羽冠，尾分四歧。第三格左立一人，身着及膝短袍，右为二人相斗，皆单腿跪地，居左者双臂张开，左手持勾镶，右手握刀，居右者回身以矛（？）刺之。三人皆头戴武弁。第四格左为一牛拉一无盖车，车上有一御者、一乘者，皆头戴进贤冠。右为一人骑马相从。画面四周有三层框，外框内为斜线纹。 |
| 著录与文献 | |
| 收藏单位 | 徐州汉画像石艺术馆 |

JS-XZ-202 局部

JS-XZ-202 局部

| | |
|---|---|
| 编号 | JS-XZ-203 |
| 时代 | 东汉 |
| 出土/征集地 | |
| 出土/征集时间 | |
| 原石尺寸 | 139×92×13 |
| 质地 | 石灰岩 |
| 原石情况 | 原石呈长方形，左上角、左下角皆残。 |
| 组合关系 | |
| 画面简述 | 此图为浅浮雕。画面自上而下分四格。第一格中央刻一骆驼，其身前、身后各有一人拱手躬身而立。第二格为人物行列，皆头戴进贤冠，身着长袍，朝左拱手躬身而立。第三格左为棰牛，牛低首，其面前一人单腿跪地，一手持棰，一手抓牛角；右立一人观看，头戴进贤冠，身着长袍。第四格左为一人向左行，其身后一人以绳牵一羊随行。画面四周有三层框，外框内为斜线纹。 |
| 著录与文献 | |
| 收藏单位 | 徐州汉画像石艺术馆 |

JS-XZ-203 局部

JS-XZ-203 局部

| | |
|---|---|
| 编号 | JS-XZ-204 |
| 时代 | 东汉 |
| 出土/征集地 | |
| 出土/征集时间 | |
| 原石尺寸 | 142×130×12 |
| 质地 | 石灰岩 |
| 原石情况 | 原石基本完整，左侧上角有长方形缺口。 |
| 组合关系 | |
| 画面简述 | 此图为浅浮雕。画面分上下两格，下格又分左右两格，每格之间以双层菱形纹花纹带相隔。上格左为三人，左右二人双手高举，弯腰相向，居左者衣袖宽大，下身着裤，居右者身着及膝短袍，居中者身着长袍，俯身向下。中为三人捕鱼（？），左上方一人俯身向下，身着及膝短袍，一手伸向鱼；左下方一人弯腰，身着长袍，手伸出似要抓鱼；右方一人身着紧身衣裤，一手持叉（？）。鱼上方有一鳖。右有三人，左下方一人衣袖宽大，下身着裤，仰面朝天平躺于地，四肢张开；左上方一人身着及膝短袍，似持筌捕鱼；其右一人身着及膝短袍，双手前伸。下左格刻一栏锜，上层挂七盾，下层架七戟；其下为一花纹带，内填刻斜线纹；左边沿为双层菱形纹花纹带。下右格为一舞者跳长袖舞，头梳高髻，其右立一人；下为一舞者躺地，其右一人跪坐，手中似执一乐器（？）；右边沿为双层菱形纹花纹带。画面四周有框。上格层边框内刻三层花纹带，分别为连弧纹、三角形纹和双排菱形纹。 |
| 著录与文献 | |
| 收藏单位 | 徐州汉画像石艺术馆 |

JS-XZ-204 局部

JS-XZ-204 局部

| 编号 | JS-XZ-205 |
|---|---|
| 时代 | 东汉 |
| 出土/征集地 | |
| 出土/征集时间 | |
| 原石尺寸 | 93×71×34 |
| 质地 | 石灰岩 |
| 原石情况 | 原石为长方形柱石，基本完整。 |
| 组合关系 | |
| 画面简述 | 此图为浅浮雕。画面刻一栏锜，左上角、右上角各挂一铠甲，右柱顶悬一弩、一弩机，柱底悬一盾，架上所插兵器，从上至下，分别为二戈、三矛、一环首刀（环上栓索）、一刀、二剑、二刀、二矛、一环首刀（环上栓索），中央底部有二刀（？）悬于架上。画面四周有框。 |
| 著录与文献 | |
| 收藏单位 | 徐州汉画像石艺术馆 |

| | |
|---|---|
| 编号 | JS-XZ-206 |
| 时代 | 东汉 |
| 出土/征集地 | |
| 出土/征集时间 | |
| 原石尺寸 | 118×30×112 |
| 质地 | 石灰岩 |
| 原石情况 | 原石呈长方形，基本完整。 |
| 组合关系 | |
| 画面简述 | 此图为浅浮雕。画面上刻一虎，下刻一人戴冠着袍，拱手向左站立。画面四周有框。 |
| 著录与文献 | |
| 收藏单位 | 徐州汉画像石艺术馆 |

| | |
|---|---|
| 编号 | JS-XZ-207 |
| 时代 | 东汉 |
| 出土/征集地 | |
| 出土/征集时间 | |
| 原石尺寸 | 118×112×30 |
| 质地 | 石灰岩 |
| 原石情况 | 原石呈长方形，基本完整。 |
| 组合关系 | |
| 画面简述 | 此图为浅浮雕。画面分上下两格，两格之间以双层菱形纹相隔。上格刻一栏锜，架上横插兵器，从上至下，分别为一矛、一戈、一矛、一戈、一矛、一刀、二矛、一环首刀（环上系带）、二手戟，栏锜中央悬一弩，弦上挂一物不明，弩下方挂一勾镶。栏锜右下有一盾、一铠甲，左下有一冠。下格正中为一榻，二人对坐于榻上，拱手躬身，中间隔一三足盘（樽？），盘上置一勺。三足盘上方有一圆形案（？），上置一耳杯及箸，再上为一盘，上置一小罐（？）。榻左右各有一腰鼓形墩（壶？），墩顶中央有一圆形凸起。榻上二人身旁各有一人侍立，皆头戴冠，居右者持便面。上边沿为连弧纹，左上角、右上角各有一鸟首。画面四周有双框，框内上为连弧纹，左、右、下为双层菱形纹。 |
| 著录与文献 | |
| 收藏单位 | 徐州汉画像石艺术馆 |

118

JS-XZ-207 局部

JS-XZ-207 局部

| | |
|---|---|
| **编号** | JS-XZ-208 |
| **时代** | 东汉 |
| **出土/征集地** | |
| **出土/征集时间** | |
| **原石尺寸** | 90×95×17 |
| **质地** | 石灰岩 |
| **原石情况** | 原石呈方形，基本完整。 |
| **组合关系** | |
| **画面简述** | 此图为浅浮雕。画面分上下两层。上层左端刻一人坐于一屋前，头抬起，一手叉腰，一手前伸，手掌张开。右侧三人图像较漫漶，居右者身着长袍，拱手躬身，另两人动作不明。下层似刻泗水捞鼎。中间有一桥，桥两侧各有三人拉住拴鼎绳索，鼎中有龙头伸出，其下有二人托举鼎。桥下有二船，船头各有一人摇桨。画面四周有三层框，框内为席纹。 |
| **著录与文献** | |
| **收藏单位** | 徐州汉画像石艺术馆 |

| | |
|---|---|
| 编号 | JS-XZ-209 |
| 时代 | 东汉 |
| 出土/征集地 | |
| 出土/征集时间 | |
| 原石尺寸 | 90×120×21 |
| 质地 | 石灰岩 |
| 原石情况 | 原石呈长方形，左上角、右侧皆残。 |
| 组合关系 | |
| 画面简述 | 此图为浅浮雕。画面刻一四阿式厅堂，檐柱下有柱础，上承栌斗，栌斗上又有斗栱，正脊中央有三个三角形凸起。檐下似刻二层，各有一人正面端坐。堂内左为一马，马前有一人跪拜，其右为二人执笏（？），相对而立，二人皆可见胡须，腰间悬组居。居右者脚刻画出边框。堂外左侧有一树，树顶立一鸟；右侧二人手持棨戟侍立，二人之右有一树，画像残。下格刻异兽，左端为一双头兽（玄武？），头小颈细，一头朝前伸，从背上长出长颈和第二个头，长颈弯曲，使二头相对。中央为一怪兽，头生角，口大张，其面前坐一人，双膝屈起，一手持环首刀，另一手举勾镶。怪兽右有一兽，下方有一龙，肩生翼。最右端可见一龙首，张口吐舌。画面上、下、左有框，其中上、左为四层框，框内从内至外分别为连弧纹、双层菱形纹。 |
| 著录与文献 | |
| 收藏单位 | 徐州汉画像石艺术馆 |

| 编号 | JS-XZ-210 |
|---|---|
| 时代 | 东汉 |
| 出土/征集地 | |
| 出土/征集时间 | |
| 原石尺寸 | 80×112×32 |
| 质地 | 石灰岩 |
| 原石情况 | 原石呈抱鼓形，上方残，下方断为左右两块。 |
| 组合关系 | |

**画面简述** 此图为浅浮雕。画面分上中下三格。上格左端二人技击，二人皆着宽袖上衣及袴，居左者一手持环首刀，一手持戈戟，跨步前刺，居右者一手持勾镶（？），一手持环首刀，跨步向前，二人间有一戈戟（？）置于地上，二人上方有一鸟，展翅左飞，其左侧一鸟首自框间探入；二人右侧一人，一手持环首刀，一手持勾镶，面左跨步，其左侧身下一物不明；其右上方一人，仅可见着袴下半身，其右侧似为一人腿部；其右一人，一手持盾，一手持环首刀，左向奔走；再右一人，双手持环首刀，面左跨步前行；右端一人（？）不明。中格左端一马，马身上方有绶带系于框下，其右一人，着过膝袍，一手持左侧马颔下缰绳（？），一手持一竿状物，下端较粗（一说为耒耜）；其右一人，面左而行；再右二人，皆着宽袖及地长袍，腰间系绶带（？），相对作交谈状，居右者梳髻（？），似为女性，其左右两侧各立一人，身形较小，似为儿童，居右者一手抚右侧儿童头部；再右三人，皆着宽袖上衣及袴，面左而行，最左侧者手持便面，其身后二人皆有须，双手持笏。下格为车马出行题材，左端一导骑持一竿状物，身后马背可见一弓（？）；其后为一辆二马四维轺车，马首饰缨，前有御者后有尊者；再后为一辆一马无盖轺车，马首饰缨，车上三人。画面四周有框，上边右侧残损，上边左侧、左、下边皆为双层框，框间填刻波形纹。

| | |
|---|---|
| 著录与文献 | |
| 收藏单位 | 徐州汉画像石艺术馆 |

JS-XZ-210 局部

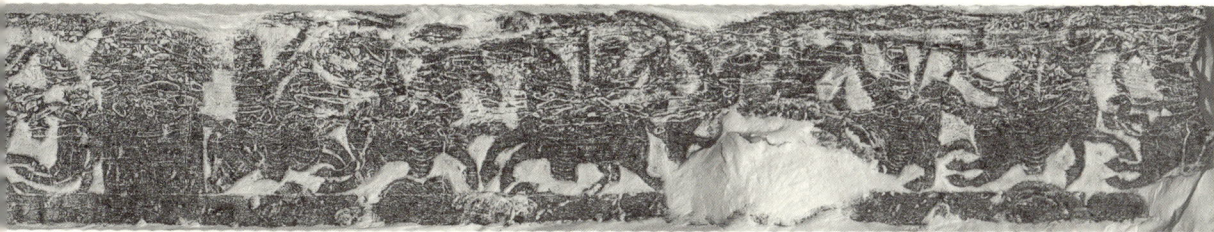

| 编号 | JS-XZ-211 |
|---|---|
| 时代 | 东汉 |
| 出土/征集地 | |
| 出土/征集时间 | |
| 原石尺寸 | 16×195×50 |
| 质地 | 石灰岩 |
| 原石情况 | 原石呈长方形，右侧残。 |
| 组合关系 | |
| 画面简述 | 此图为浅浮雕。画面左端为一从骑（？），仅可见前半部分；其右为一辆一马轺车，前有御者持鞭，后有尊者端坐；其右为一骑（？）；再右为二人面左而立，前者着长袍持笏，呈迎迓状，身前一物不明，后者着过膝袍，拱手躬身，其身前一圆形物不明；再右为二骑，身后皆可见一竿状物；再右为一骑；再右为一阙形建筑（？），其左侧有一人面右而行（？）；再右为二骑面右而行；其右为一骑面左；再右画面漫漶，似为一骑；再右二骑面左奔走；右端残损，仅可见一马后半部分。画面上下皆可见若干半圆形补白，似表现山峦（？）。画面上、下、左三边可见框。 |
| 著录与文献 | |
| 收藏单位 | 徐州汉画像石艺术馆 |

| 编号 | JS-XZ-212 |
|---|---|
| 时代 | 东汉 |
| 出土/征集地 | |
| 出土/征集时间 | |
| 原石尺寸 | |
| 质地 | 石灰岩 |
| 原石情况 | 原石呈长方形，基本完整。 |
| 组合关系 | |

**画面简述** 此图为浅浮雕。画面分上下两格。上格左端横向刻山（？），有三人头探出，皆戴尖帽；其右二人右向而行，二人皆戴尖帽，居左者一手持盾，一手持环首刀（？），居右者双手持戈戟；再右二人技击，居左者一手持环首刀，一手持勾襄跨步前刺，居右者一手持戈戟，一手持环首刀前刺；再右为一羽人及一凤（鸾）鸟，羽人肩生双翼，一手执一圆形物（一说为丹丸？），跨步向前触右侧凤（鸾）鸟喙部，凤（鸾）鸟头生羽冠，尾部上扬。下格左端三人皆梳髻，着束腰及地长袍，右向倾斜而立，似为侍者，其上方刻垂幔；其右一人着及足袍服，表演袖舞（一说巾舞，一说公莫舞），上方左侧悬挂一猪（？）腿（一说为火腿），右侧悬挂一壶；再右一人跽坐，双手扶琴（瑟？），肩两侧各一儿童（？）头部自背后探出；其身后一人，梳髻着袍，面左而立，亦为侍者；再右上方框下置一横竿，悬挂猪（？）腿（一说为火腿）、炊具及鱼，右侧悬挂三猪（？）腿（一说为火腿），再右悬挂一壶，下方置一榻，榻上二人，皆着袍，相对跽坐，作交谈状，居右者戴进贤冠（？），二人间置一樽及勺，其上置二盘。画面四周有双层框，上边框间填刻连弧纹，左、右、下边框间填刻双层菱形纹。

| 著录与文献 | |
|---|---|
| 收藏单位 | 徐州汉画像石艺术馆 |

138

JS-XZ-212 局部

| 编号 | JS-XZ-213 |
|---|---|
| 时代 | 东汉 |
| 出土/征集地 | 铜山县吕梁乡出土 |
| 出土/征集时间 | |
| 原石尺寸 | 40×106×14 |
| 质地 | 石灰岩 |
| 原石情况 | 原石呈长方形，右端残。 |
| 组合关系 | |
| 画面简述 | 此图为浅浮雕。画面分上下两格。上格左侧漫漶，似为一人；右侧左端为一车尾部（？）；其后为一辆二马轺车，马首饰缨（？），前有御者持缰，后有尊者端坐，上部榜题漫漶不可辨；再右为二人物，着袍拱手相对跽坐，二人间置一物不明。下格左端一人，持笏，右向而立，榜题刻"郎中"（？）二字；其右画面漫漶不可辨；右侧左端五人，戴朝天冠（？），俯身持笏，右向而拜；其右一人，戴朝天冠，着长袍，持笏，右向而立，榜题刻"谒者"二字；再右一人，戴朝天冠（？），腰悬绶带，双手持笏，右向跽坐；再右一人，着及地长袍，腰悬绶带，正面而立，其上方刻一曲柄华盖，表面饰波形纹，其右一人，头戴武弁（？），着长袍，一手持笏，一手持华盖曲柄，面左而立，其身后榜题刻"中侍郎"；再右画面残损，仅可见一人后半身，榜题亦漫漶。上下格框间填刻折线纹。画面上、下、左三边可见框，框间填刻涡形纹。 |
| 著录与文献 | 武利华：《徐州汉画像石通论》，北京：文化艺术出版社，2017年，第355页，图11-18。 |
| 收藏单位 | 徐州汉画像石艺术馆 |

| 编号 | JS-XZ-214 |
|---|---|
| 时代 | 东汉 |
| 出土/征集地 | 铜山县吕梁乡出土 |
| 出土/征集时间 | |
| 原石尺寸 | 56×87×25 |
| 质地 | 石灰岩 |
| 原石情况 | 原石残为不规则五边形。 |
| 组合关系 | |
| 画面简述 | 此图为剔地阴线刻。画面分上下两格。上格主体为一鸟、一人相对，左侧鸟喙部抵右侧之人头顶，右侧人物背部生羽翼分四歧（？），跽坐于一圆形鼎内，鸟及人间置一盘，盘内盛有药丸（？）。下格左侧残损，仅可见一人后半身；身后背一牛；再右一人，有须，坦胸露乳，头顶一镳（？）；再右一兽，头部残损，亦向下；再右一羽人，肩生羽翼，双手持一倒"L"形竿状物，竿头悬挂一圆形物；右侧画面残损，仅可见一人头部。 |
| 著录与文献 | |
| 收藏单位 | 徐州汉画像石艺术馆 |

| 编号 | JS-XZ-215 |
|---|---|
| 时代 | 东汉 |
| 出土/征集地 | 邳州车夫山出土 |
| 出土/征集时间 | |
| 原石尺寸 | 57×245×21 |
| 质地 | 石灰岩 |
| 原石情况 | 原石呈长方形，断为左右两块。 |
| 组合关系 | |

画面简述　此图为浅浮雕。一说为孔子见老子题材（？）。画面左端二人，皆着长袍，居右者双手持一曲柄华盖，华盖下方立一人，头戴冠，着及足长袍，袍角上卷，袖口鼓张，腰间悬绶带；其右六人，皆戴进贤冠（？），着长袍，手中似捧简册，其中左一者面左，其余五人面右，最右者双手柱一曲形杖（？），一说为老子；再右一人，胸前立一鸟，身下一兽（兔？），推一独轮车（？），一说为神童相佗（？）；其右三人，皆戴进贤冠（？），着长袍，其中居左者腰间悬剑，双手前伸作交谈状，一说为孔子；画面上方饰云气纹，有若干鸟首自云气间探出。画面四周有双层框，上边框间填刻涡形纹，左边框间填刻菱形线纹及圆圈纹，右边框间填刻菱形套环纹及线纹，下边框间填刻菱形套环纹。

著录与文献

收藏单位　徐州汉画像石艺术馆

JS-XZ-215 局部

JS-XZ-215 局部

JS-XZ-215 局部

| 编号 | JS-XZ-216 |
|---|---|
| 时代 | 东汉 |
| 出土/征集地 | |
| 出土/征集时间 | |
| 原石尺寸 | 27×177×44 |
| 质地 | 石灰岩 |
| 原石情况 | 原石呈长方形,断为左右两块。 |
| 组合关系 | |
| 画面简述 | 此图为浅浮雕。画面左端漫漶,似为一鸟(兽?);右侧一人,似乘驾三鸟的车;其右一人,肩荷一竿状物不明,面右而行;再右二人,相对跽坐作亲密状;再右一鸟,头生羽冠,长尾上扬,展翅,面左而立;再右中间一羽人,两侧分别为一龙、一凤鸟,相对而立,羽人肩腿生翼,跨步,一手触左侧龙颈部,一手触右侧凤鸟喙部,龙肩股生翼,长尾卷扬;再右一凤(鸾)鸟,头生羽冠,尾分多歧,面左而立,其左侧身下一鸟,昂首面右而立;再右画面残损不可辨。画面上、下、左三边有框。 |
| 著录与文献 | |
| 收藏单位 | 徐州汉画像石艺术馆 |

| 编号 | JS-XZ-217 |
|---|---|
| 时代 | 东汉 |
| 出土/征集地 | |
| 出土/征集时间 | |
| 原石尺寸 | 102×153×21 |
| 质地 | 石灰岩 |
| 原石情况 | 原石呈长方形，基本完整。 |
| 组合关系 | |
| 画面简述 | 此图为浅浮雕。画面分上下两格。上格主体为两凤鸟相对而立，二鸟皆头生羽冠，尾分三歧，口衔三颗串起圆形物（丹丸？）；二鸟身下亦各有一鸟相对，一鸟昂首，一鸟俯身；其身后亦各有一鸟，身形较小，相背而立；二凤鸟间有垂幔。下格上方饰垂幔，左端二人，相拥贴面作亲密状，其中居左者似为女性，居右者戴进贤冠（？）；其右二人，戴进贤冠（？），右向跽坐，其中居左者左向回首；再右一人，戴进贤冠（？），跽坐吹笙，其身前置一壶；再右二人，相对跽坐作交谈状，其中居左者戴进贤冠（？），居右者梳髻，似为女性。画面四周有框，上、左、右边为双层框，外框间填刻斜线纹，内框间填刻连弧纹。 |
| 著录与文献 | |
| 收藏单位 | 徐州汉画像石艺术馆 |

JS-XZ-217 局部

| | |
|---|---|
| 编号 | JS-XZ-218 |
| 时代 | 东汉 |
| 出土/征集地 | |
| 出土/征集时间 | |
| 原石尺寸 | 89×114×20 |
| 质地 | 石灰岩 |
| 原石情况 | 原石呈长方形，右下角残。 |
| 组合关系 | |
| 画面简述 | 此图为浅浮雕。画面分上中下三格。上格主体为一四坡顶厅堂式建筑，正脊长直，屋面可见瓦垄，右侧垂脊上立有一鸟（？）；檐下垂幔，左右各一立柱，柱头为一斗二升栾栱承檐，柱间一榻，榻侧面饰一铺首，榻上二人相对跽坐，作交谈状；左侧柱外二鸟相对而立，居左者体型较大，头生羽冠；右侧柱外一人着袍，面左跽坐。上格与中格框间填刻三角形纹。中格左端一鸟首自上框探入；其右二人右向而行，居右者手持手戟，一手抚前方一人（身形较小，似为儿童）头部；其右上方画面漫漶，似为飞鸟或鸟首；再右下方画面漫漶不可辨；画面右端二人仰卧于地上，二人相拥作亲密状（野合？）；其右上方有二飞鸟（或鸟首）。下格画面漫漶，似表现人物题材，右侧可见一鸟。画面四周有框，上、右边为双层框，上边框间填刻三角形纹，右边框间填刻双层菱形纹。 |
| 著录与文献 | |
| 收藏单位 | 徐州汉画像石艺术馆 |

| | |
|---|---|
| 编号 | JS-XZ-219 |
| 时代 | 东汉 |
| 出土/征集地 | 铜山县茅村大蔡丘东山出土 |
| 出土/征集时间 | |
| 原石尺寸 | 92×76×30 |
| 质地 | 石灰岩 |
| 原石情况 | 原石呈长方形，基本完整。 |
| 组合关系 | |
| 画面简述 | 此图为浅浮雕。画面主体为一四坡顶厅堂式建筑，正脊两端起翘，瓦垄清晰，正脊上方二鸟（？）相对交颈而立，二鸟皆头生羽冠，长尾卷扬，垂脊两侧有鸟首；檐下中央饰垂幔，两侧有立柱，柱上栌斗上承一斗二升栾栱承檐，柱身皆向外侧弯曲，柱间二人相对跽坐于榻上，作交谈状，榻侧面饰一铺首（？），二人间一圆形物不明。画面四周有双层框，左边框间填刻连弧纹。 |
| 著录与文献 | |
| 收藏单位 | 徐州汉画像石艺术馆 |

| | |
|---|---|
| **编号** | JS-XZ-220 |
| **时代** | 东汉 |
| **出土/征集地** | |
| **出土/征集时间** | |
| **原石尺寸** | 110×120×10 |
| **质地** | 石灰岩 |
| **原石情况** | 原石呈方形，基本完整。 |
| **组合关系** | |
| **画面简述** | 此图为浅浮雕。画面分左中右三栏。左、右二栏填刻三层菱形纹及斜线纹。中栏分上下两格，上格主体为铺首衔环，铺首两侧分别为一半人半蛇神（一说为伏羲女娲），尾部卷曲穿环，其中居左者戴进贤冠，尾部填刻鳞纹，居右者梳髻，尾部间隔装饰横纹及和竖向斜线纹；下格为一鱼左行。画面四周有双层框，框间填刻斜线纹。 |
| **著录与文献** | |
| **收藏单位** | 徐州汉画像石艺术馆 |

| | |
|---|---|
| 编号 | JS-XZ-221 |
| 时代 | 东汉 |
| 出土/征集地 | 铜山县青山泉汉墓 |
| 出土/征集时间 | |
| 原石尺寸 | 99×78×25 |
| 质地 | 石灰岩 |
| 原石情况 | 原石呈长方形，基本完整。 |
| 组合关系 | |
| 画面简述 | 此图为浅浮雕。画面主体刻二龙穿二环打双结，尾部缠绕，二龙皆张口露齿，吻部相抵，共衔一物（丹丸？），龙身两侧饰云气纹补白。画面四周有双层框，上、下、右边框间填刻连弧纹，左边框间填刻涡形纹。 |
| 著录与文献 | |
| 收藏单位 | 徐州汉画像石艺术馆 |

| 编号 | JS-XZ-222 |
|---|---|
| 时代 | 东汉 |
| 出土/征集地 | 铜山县蔡丘出土 |
| 出土/征集时间 | |
| 原石尺寸 | 98×252×14 |
| 质地 | 石灰岩 |
| 原石情况 | 原石呈长方形，断为左右两块。 |
| 组合关系 | |

画面简述　此图为浅浮雕。画面分左中右三栏。左右两栏皆为铺首衔环。左栏铺首两侧有须，环下系丝帛（？）；铺首上方有二龙引颈右向回首。右栏铺首两侧分别为一半人半蛇神（一说为伏羲女娲）相对，尾部卷曲穿环。中栏主体为一四坡顶厅堂式建筑，正脊两端起翘，垂脊长直，末端亦起翘，两侧垂脊上各一凤（鸾）鸟，皆头生羽冠，展翅相对而立；檐下中央饰垂幔，柱上栌斗上承一斗二升栾栱承檐，柱身皆向外侧弯曲，柱间二人相对跽坐于榻上，作交谈状，榻正面下饰一铺首（？），二人间置一壶，居右者身后一侍者，手持一物，躬身面左而立；两侧柱外分别立一人，皆着袍持笏；中栏左、右、下三边有双层框。画面四周有框，上、左、右三边为双层框，框间填刻连弧纹。

著录与文献
收藏单位　徐州汉画像石艺术馆

| | |
|---|---|
| **编号** | JS-XZ-223(1) |
| **时代** | 东汉 |
| **出土/征集地** | 徐州市南部 |
| **出土/征集时间** | 2001 年发现 |
| **原石尺寸** | 129×27×16 |
| **质地** | 石灰岩 |
| **原石情况** | 原石呈长方形，断为上下两块。 |
| **组合关系** | |
| **画面简述** | 此图为浅浮雕。画面上端刻一玄武；其下左侧有一鸟，展翅上飞；其右为一龙，头生双角，肩生羽翼，引颈向上，尾部刻云气纹（？）；再下一兽（虎？），亦肩生双翼，向上奔走；其下左侧一门吏（？），着袍持棨戟，面左而立，其身后立一人。画面四周有框。 |
| **著录与文献** | |
| **收藏单位** | 徐州汉画像石艺术馆 |

| | |
|---|---|
| 编号 | JS-XZ-223(2) |
| 时代 | 东汉 |
| 出土/征集地 | 徐州市南部 |
| 出土/征集时间 | 2001 年发现 |
| 原石尺寸 | 129×16×27 |
| 质地 | 石灰岩 |
| 原石情况 | 原石呈长方形，断为上下两块。 |
| 组合关系 | |
| 画面简述 | 此图为浅浮雕。画面上端刻一半人半龙神，尾部填刻鳞纹；其下一龙，肩生双翼，引颈向上奔走；再下一门吏，执彗，面右而立。画面四周有框。 |
| 著录与文献 | |
| 收藏单位 | 徐州汉画像石艺术馆 |

| | |
|---|---|
| 编号 | JS-XZ-224 |
| 时代 | 东汉 |
| 出土/征集地 | |
| 出土/征集时间 | |
| 原石尺寸 | 114×37×27 |
| 质地 | 石灰岩 |
| 原石情况 | 原石呈长方形，基本完整。 |
| 组合关系 | |
| 画面简述 | 此图为阴线刻。画面刻一人物，有须，头戴武弁，着长袍持笏，面右而立。 |
| 著录与文献 | |
| 收藏单位 | 徐州汉画像石艺术馆 |

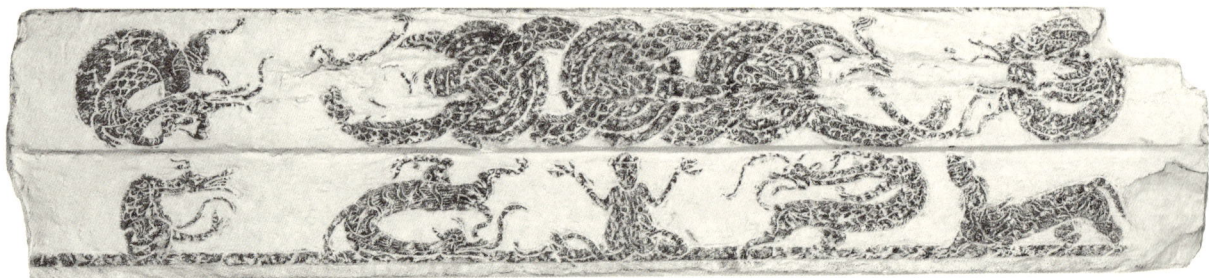

| 编号 | JS-XZ-225(1) |
|---|---|
| 时代 | 东汉 |
| 出土/征集地 | 铜山县汉王乡出土 |
| 出土/征集时间 | |
| 原石尺寸 | 28×143×30 |
| 质地 | 石灰岩 |
| 原石情况 | 原石呈长方形，基本完整。 |
| 组合关系 | |
| 画面简述 | 此图为浅浮雕。画面分上下两格。上格中央刻二龙穿三环，龙皆通身披鳞，张口互衔其尾；画面左右各刻一龙穿环，龙皆张口回首。下格中央正面端坐一人形神怪（？），袒胸露乳，双臂上伸，下身似为蛇形（？）；其左侧为一虎（？），身披条纹，倒立，张口回首衔其尾，右侧为一龙，通身披鳞，张口回首衔其尾；画面左端一龙，张口露齿，右向蹲坐；右端为一人首神怪（？），戴进贤冠（？），肩股生羽翼，面左而行。画面下边有框。 |
| 著录与文献 | |
| 收藏单位 | 徐州汉画像石艺术馆 |

| | |
|---|---|
| **编号** | JS-XZ-225(2) |
| **时代** | 东汉 |
| **出土/征集地** | 铜山县汉王乡出土 |
| **出土/征集时间** | |
| **原石尺寸** | 30×143×28 |
| **质地** | 石灰岩 |
| **原石情况** | 原石呈长方形，基本完整。 |
| **组合关系** | |
| **画面简述** | 此图为浅浮雕。画面分左右两栏。左栏为月轮，轮内上刻一玉兔捣药，下刻一蟾蜍；右栏为日轮，日轮内一鸟展翅上飞（一说为三足乌）。左右栏外各有一框。 |
| **著录与文献** | |
| **收藏单位** | 徐州汉画像石艺术馆 |

| 编号 | JS-XZ-226 |
|---|---|
| 时代 | 东汉 |
| 出土/征集地 | 徐州贾汪出土 |
| 出土/征集时间 | |
| 原石尺寸 | 55×160×23 |
| 质地 | 石灰岩 |
| 原石情况 | 原石呈长方形，基本完整。 |
| 组合关系 | |
| 画面简述 | 此图为浅浮雕。画面左端二鸟，反身回首而立，二鸟喙部相抵，皆头生羽冠，有四鸟首自四处探入补白；其右为一树（山峦？），中间收窄，上下两端较宽，饰有波形纹；其右为二龙（？），皆身披条纹倒立，长尾缠绕，反身回首相对，其左、下方有兽首探入补白。画面四周有框，上边有三层框，左、右边有双层框，上边外框、左右边框间皆填刻连弧纹。 |
| 著录与文献 | |
| 收藏单位 | 徐州汉画像石艺术馆 |

JS-XZ-226 局部

JS-XZ-226 局部

| 编号 | JS-XZ-227(1) |
|---|---|
| 时代 | 东汉 |
| 出土/征集地 | |
| 出土/征集时间 | |
| 原石尺寸 | 47×249×21 |
| 质地 | 石灰岩 |
| 原石情况 | 原石呈长方形，残为六块。 |
| 组合关系 | |
| 画面简述 | 此图为浅浮雕。画面刻菱形穿环纹。画面四周有框，上、左边为双层框，框间填刻连弧纹。 |
| 著录与文献 | |
| 收藏单位 | 徐州汉画像石艺术馆 |

| 编号 | JS-XZ-227(2) |
|---|---|
| 时代 | 东汉 |
| 出土/征集地 | |
| 出土/征集时间 | |
| 原石尺寸 | 47×249×21 |
| 质地 | 石灰岩 |
| 原石情况 | 原石呈长方形，残为六块。 |
| 组合关系 | |
| 画面简述 | 此图为浅浮雕。画面分左中右三栏。左栏中央刻一羽人（？），跨步右向回首，四周饰云气纹；其左右两侧各一鸟，左侧鸟背部又立一鸟，身形较小，二鸟皆回首，吻部相抵，右侧鸟面左而立，其身后一鸟立于云气之上；上边与左边框内饰连弧纹。中栏为二龙缠绕，龙皆张口回首，互衔其尾，两侧各一鸟立于龙身之上。右栏左端立一鸟；其后一人，右向跨步，一手触右侧鸟颈部；右侧鸟头生羽冠，右向回首；再右一人，张弓射右侧一兽；上边与右边框内饰连弧纹。画面四周有框，上、左、右边为双层框，框间填刻菱形纹。 |
| 著录与文献 | |
| 收藏单位 | 徐州汉画像石艺术馆 |

191

| 编号 | JS-XZ-228 |
|---|---|
| 时代 | 东汉 |
| 出土/征集地 | |
| 出土/征集时间 | |
| 原石尺寸 | 105×21×19 |
| 质地 | 石灰岩 |
| 原石情况 | 原石呈长方形，基本完整。 |
| 组合关系 | |
| 画面简述 | 此图为浅浮雕。画面上方一兽，头生羽冠（？），通身披鳞，回首，向上奔走；其下一龙，张口露齿，通身披鳞，亦向上奔走。画面四周有框。 |
| 著录与文献 | |
| 收藏单位 | 徐州汉画像石艺术馆 |

| | |
|---|---|
| 编号 | JS-XZ-229 |
| 时代 | 东汉 |
| 出土/征集地 | |
| 出土/征集时间 | |
| 原石尺寸 | 104 × 19 × 19 |
| 质地 | 石灰岩 |
| 原石情况 | 原石呈长方形，基本完整。 |
| 组合关系 | |
| 画面简述 | 此图为浅浮雕。画面上方一鸟，展翅下望，其右侧一鸟首自框间探入；其下一兽，亦回首下望；再下一鸟，亦展翅下望；再下二龙交颈缠绕，尾部亦相交，张口引颈向上。画面左、右、下三边有框。 |
| 著录与文献 | |
| 收藏单位 | 徐州汉画像石艺术馆 |

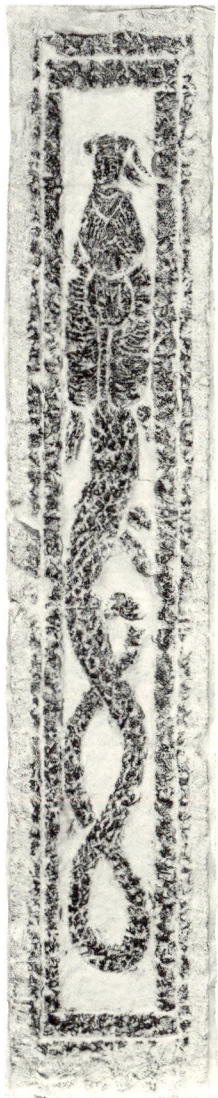

| | |
|---|---|
| 编号 | JS-XZ-230 |
| 时代 | 东汉 |
| 出土/征集地 | |
| 出土/征集时间 | |
| 原石尺寸 | 104×21×19 |
| 质地 | 石灰岩 |
| 原石情况 | 原石呈长方形，断为上中下三块。 |
| 组合关系 | |
| 画面简述 | 此图为浅浮雕。画面为一半人半龙神，梳髻垂鬓，着宽袖上衣，尾部卷曲，填刻鳞纹。画面四周有框。 |
| 著录与文献 | |
| 收藏单位 | 徐州汉画像石艺术馆 |

| 编号 | JS-XZ-231(1) |
|---|---|
| 时代 | 东汉 |
| 出土/征集地 | |
| 出土/征集时间 | |
| 原石尺寸 | 36×97×32 |
| 质地 | 石灰岩 |
| 原石情况 | 原石呈长方形，基本完整。 |
| 组合关系 | |
| 画面简述 | 此图为浅浮雕。画面为一龙，张口露齿，通身披鳞，长尾上扬，左向奔走。画面上、左边有框。 |
| 著录与文献 | |
| 收藏单位 | 徐州汉画像石艺术馆 |

| 编号 | JS-XZ-231(2) |
|---|---|
| 时代 | 东汉 |
| 出土/征集地 | |
| 出土/征集时间 | |
| 原石尺寸 | 36×97×32 |
| 质地 | 石灰岩 |
| 原石情况 | 原石呈长方形，基本完整。 |
| 组合关系 | |
| 画面简述 | 此图为浅浮雕。画面为一虎，张口露齿，肩生双翼，身披条纹，右向奔走。画面上、右边有框。 |
| 著录与文献 | |
| 收藏单位 | 徐州汉画像石艺术馆 |

| | |
|---|---|
| **编号** | JS-XZ-232(1) |
| **时代** | 东汉 |
| **出土/征集地** | 徐州市南部 |
| **出土/征集时间** | 2001 年发现 |
| **原石尺寸** | 84×78×20 |
| **质地** | 石灰岩 |
| **原石情况** | 原石呈长方形，基本完整。 |
| **组合关系** | |
| **画面简述** | 此图为浅浮雕。画面自上而下分五格。第一格中央一人，着宽袖长袍，正面凭几而坐，面部残损不可见（一说为东王公或西王母）；其左右两侧各一羽人（侍者？），肩生羽翼，面向中央踞坐；左侧侍者面前置一樽（？）及一耳杯，身后立一三足乌及一九尾狐；右侧侍者身后二人，亦肩生双翼，面左拱手踞坐，居者为兽（牛）首人身。第二格左端一人，双臂撑地倒立；其右一人，双臂上伸，跨步右行；其右二人技击，居左者手持环首刀躲避，居右者着宽袖长袍，一手持环首刀，一手持勾镶前刺，二人间地面上勾镶、环首刀各一；再右二人，皆着宽袖袍，居左者左向跨步，居右者一手持环首刀（？），反身左向回首；右端一人，着宽袖曳地长袍，手持环首刀（？），面左而立。第三格左端一人，持笏右向跪拜，其身后一鸟首自上框左侧探入；其右一人，手持简册（？），一手前伸，凭几右向踞坐；其右七人，皆双手捧笏，左向跪拜，一说为讲学图（？）。第四格为庖厨场景，左端一井，可见井台及滑轮（轱辘）式提水井架，井台侧面刻十字穿环纹，井右侧一女自井中提水；其右踞坐一人，身前一炉，一手持两歧簸炙肉，一手持扇（？），扇火烤肉；再右垂挂二鱼、一猪（？）腿（一说为火腿）及一犬，下方一犬，右向而立，长尾卷扬，其头部及尾部各置一耳杯；再右一人，双手执盘，躬身右向跪立；右端一灶，灶上置一甑，右侧有烟冒出，灶侧面刻十字穿环纹，灶前踞坐一人，一手扶灶，一手持一杆状物（一说为火棒）为炊事，人物右侧上方一鱼自框间探入。第五格为车马出行题材，马首皆饰缨，左侧为一马四维轺车，前有御者控缰，后有尊者端坐；其右为二马四维轺车，亦前有御者控缰，后有尊者端坐。画面四周有双层框，上边框间填刻卷云纹，右边框间填刻索纹，左、下边框间填刻双层菱形纹及线纹。 |
| **著录与文献** | 武利华：《徐州汉画像石通论》，北京：文化艺术出版社，2017 年，第 275 页，图 9-14。 |
| **收藏单位** | 徐州汉画像石艺术馆 |

JS-XZ-232(1) 局部

JS-XZ-232(1) 局部

| 编号 | JS-XZ-232(2) |
|---|---|
| 时代 | 东汉 |
| 出土/征集地 | 徐州市南部 |
| 出土/征集时间 | 2001 年发现 |
| 原石尺寸 | 84×20×78 |
| 质地 | 石灰岩 |
| 原石情况 | 原石呈长方形，基本完整。 |
| 组合关系 | |
| 画面简述 | 此图为浅浮雕。画面为一半人半龙神，上身着宽袖袍，拱手，尾部填刻鳞纹。画面四周有框。 |
| 著录与文献 | |
| 收藏单位 | 徐州汉画像石艺术馆 |

| | |
|---|---|
| 编号 | JS-XZ-233(1) |
| 时代 | 东汉 |
| 出土/征集地 | 徐州市南部 |
| 出土/征集时间 | 2001 年发现 |
| 原石尺寸 | 82×78×19 |
| 质地 | 石灰岩 |
| 原石情况 | 原石呈长方形，基本完整。 |
| 组合关系 | |
| 画面简述 | 此图为浅浮雕。画面分上中下三格。上格中央一人，着宽袖长袍，正面凭几而坐，一说为西王母，其头部上方有华盖，垂挂羽葆；其左右两侧各一羽人（侍者？），肩生羽翼，面向中央跽坐，左侧侍者面前置一壶（罐？），其身后一人首兽身神怪，反身右向回首，其身后一鸟展翅，自框间探入，其下一玉兔手持药杵捣药，玉兔肩生羽翼，其后一兽人身神怪（蟾蜍？），肩生羽翼，面右跽坐，其身后上方一鸟首自框间探入；右侧侍者双手执华盖曲柄，其身后上方一鸟首自上框间探入，其后一龙首人身神怪，张口露齿，肩生双翼，再后一鸡首人身神怪，面左跽坐。中格主体为五人，皆着宽袖束腰长袍，手皆上伸作交谈状，一鸟自左框上部探入；左一与左二，左三与左四，左四与左五之间皆有一圆形带钮形物（一说为铜镜？），钮上系丝帛，右端上方一扁壶（？）；左一左侧身下一人物，较小（一说为侍者），拱手着长袍而立，其余二人间皆有一鸟，头生羽冠，或直立，或曲颈啄其翅膀，第四只鸟口衔一带状物不明（一说为药丸？），右边框下方一飞鸟自框间探入。下格左端上方一人，面右拱手跽坐，其下三人，身形较小，皆着长袍，拱手正面而立；其右一人，着长袖及足长袍，腰系绶带，面右而立；再右一人，着宽袖长袍，腰系绶带，悬环首刀，右向而立；再右一人，头戴武弁（？），着宽袖长袍，一手持杖（？），面右而立；再右一人，牵一马，拱手面左跪拜，其身后一马配鞍，面左而立，马腿间系一绳，上立一鸟，马尾下方一公鸡（？），面左而立，马背上方一鸟，展翅左飞，再上一鸟展翅，自上框探入，衔右侧飞鸟长尾。画面四周有双层框，上边框间填刻波形纹，左边框间填刻素纹，右、下边框间填刻双层菱形纹及线纹。 |
| 著录与文献 | 武利华：《徐州汉画像石通论》，北京：文化艺术出版社，2017 年，第 275 页，图 9-13。 |
| 收藏单位 | 徐州汉画像石艺术馆 |

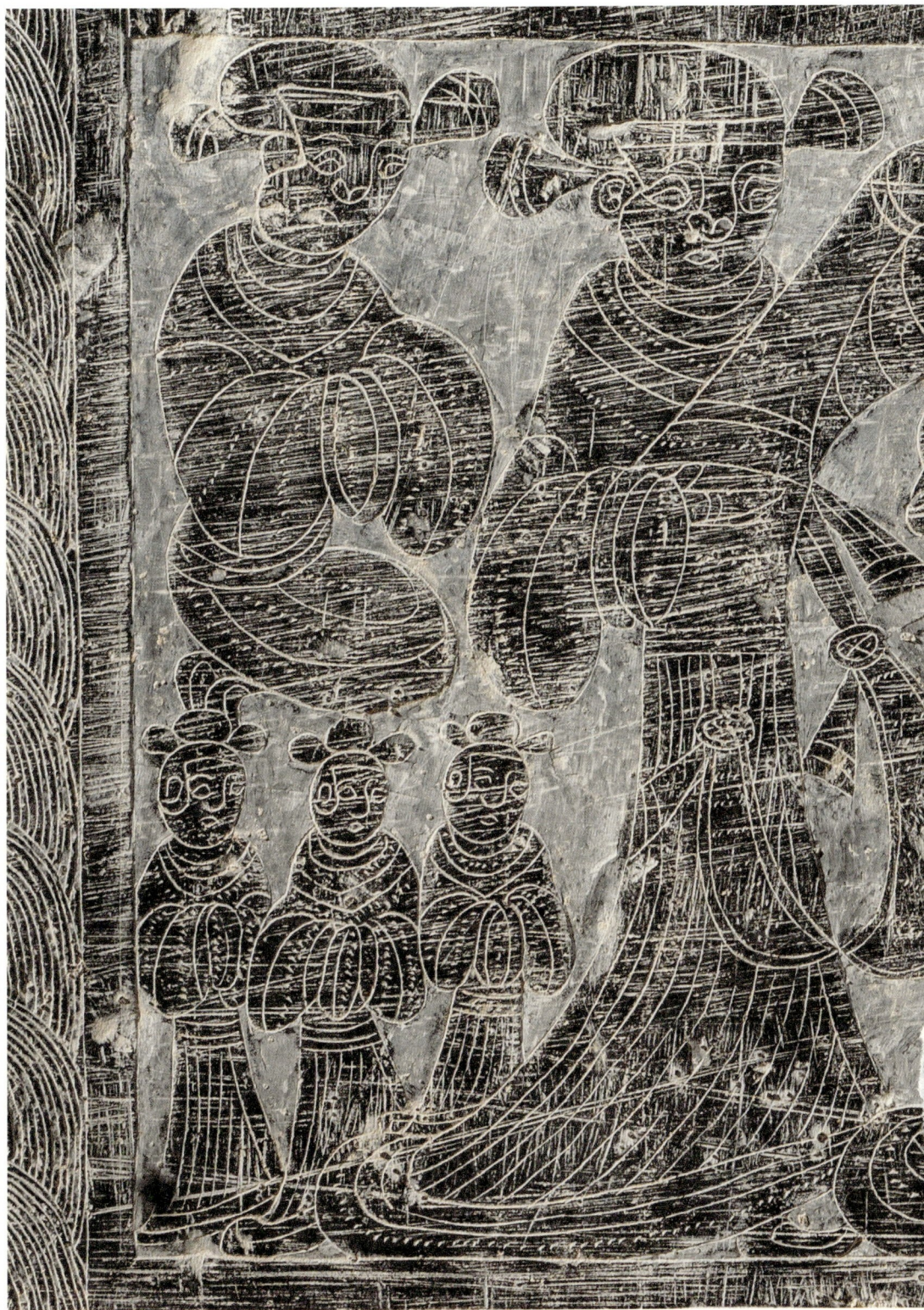

JS-XZ-233(1) 局部

JS-XZ-233(1) 局部

| | |
|---|---|
| 编号 | JS-XZ-233(2) |
| 时代 | 东汉 |
| 出土/征集地 | 徐州市南部 |
| 出土/征集时间 | 2001 年发现 |
| 原石尺寸 | 82×19×78 |
| 质地 | 石灰岩 |
| 原石情况 | 原石呈长方形，基本完整。 |
| 组合关系 | |
| 画面简述 | 此图为浅浮雕。画面为一半人半龙神，梳髻，上身着宽袖束腰袍，拱手，尾部填刻鳞纹。画面四周有框。 |
| 著录与文献 | |
| 收藏单位 | 徐州汉画像石艺术馆 |

| | |
|---|---|
| 编号 | JS-XZ-234 |
| 时代 | 东汉 |
| 出土/征集地 | 邳州梁王城出土 |
| 出土/征集时间 | |
| 原石尺寸 | 84×227×17 |
| 质地 | 石灰岩 |
| 原石情况 | 原石呈半圆形，基本完整。 |
| 组合关系 | |
| 画面简述 | 此图为浅浮雕。画面左侧一鸟，右向而立；再右一骆驼，其上方左侧一长颈鸟自框间探入（？），其右两朵云气（？）；再右一鸟首自上框探入，其下左侧刻羽人肩股生羽翼，手持一羽毛状物右探，右侧凤鸟头生羽冠，尾分多歧，左向而立，羽人及凤鸟间刻一树（云气？）。上方半圆形框内填刻连弧纹，下边为双层框，框间填刻菱形纹。 |
| 著录与文献 | |
| 收藏单位 | 徐州汉画像石艺术馆 |

| 编号 | JS-XZ-235 |
|---|---|
| 时代 | 东汉 |
| 出土/征集地 | |
| 出土/征集时间 | |
| 原石尺寸 | 60×266×14 |
| 质地 | 石灰岩 |
| 原石情况 | 原石呈长方形，断为左右两块。 |
| 组合关系 | |
| 画面简述 | 此图为浅浮雕。画面左端刻一骆驼；其右一象，俯首；再右一牛。画面四周有框。 |
| 著录与文献 | |
| 收藏单位 | 徐州汉画像石艺术馆 |

| 编号 | JS-XZ-236 |
|---|---|
| 时代 | 东汉 |
| 出土/征集地 | |
| 出土/征集时间 | |
| 原石尺寸 | 145×118×14 |
| 质地 | 石灰岩 |
| 原石情况 | 原石呈长方形，上端残。 |
| 组合关系 | |
| 画面简述 | 此图为浅浮雕。画面分上下两格。上格左侧一人，戴（雄）鸡冠，下摆翘起，腰间佩小觿左向而行；其后一人，着束腰长袍，亦左向而行；其后一人，一手执一"T"形竿状物，竿头二鸟对立，另一手执一物不明（车？）。下格二人相对，居左者为鸡首，持笏跪立，居右者为牛首，着长袍拱手而立。画面左、右、下三边有四层框，上边残损可见三层框，外框间填刻斜线纹，二、三层框间填刻连弧纹，内框间填刻菱形纹及线纹。 |
| 著录与文献 | |
| 收藏单位 | 徐州汉画像石艺术馆 |

| 编号 | JS-XZ-237 |
|---|---|
| 时代 | 东汉 |
| 出土/征集地 | |
| 出土/征集时间 | |
| 原石尺寸 | 88×80×30 |
| 质地 | 石灰岩 |
| 原石情况 | 原石呈五边形，基本完整。 |
| 组合关系 | |
| 画面简述 | 此图为浅浮雕。画面分上中下三格。上格中央一人，梳髻，正面端坐于席（榻？）上，头部上方有华盖，盖下饰羽葆（？）；左侧二侍者，居左者拱手，躬身右向跽坐，居右者肩生羽翼，手持华盖曲柄，右向跽坐；右侧亦有二侍者，皆肩生羽翼，左向跽坐，其中居左者手捧一物不明（卮？）。中格七人，皆梳髻，着及足袍，正面而立，左一与左二、左五与左六侧头作交谈状，其余人物亦侧头，为旁观者。下格为车马出行题材，左端一人，戴网状武弁着袍，左向而行；其后为一马四维辂车，马首饰缨，前有御者执缰，后端坐有尊者；再后一人，持笏躬身面左而立，腰悬一物，有套（吾？）。画面四周有双层框，框间填刻波形纹。 |
| 著录与文献 | |
| 收藏单位 | 徐州汉画像石艺术馆 |

JS-XZ-237 局部

JS-XZ-237 局部

| 编号 | JS-XZ-238 |
|---|---|
| 时代 | 东汉 |
| 出土/征集地 | |
| 出土/征集时间 | |
| 原石尺寸 | 80×81×12 |
| 质地 | 石灰岩 |
| 原石情况 | 原石呈方形，基本完整。 |
| 组合关系 | |
| 画面简述 | 此图为浅浮雕。画面分上中下三格。上格中央端坐一人（一说为西王母？），其左右各一半人半蛇神相对，尾部缠绕；画面左侧二蟾蜍（？），似抬一筐（？）；右侧为二玉兔，手持药杵捣药。第二格与第三格中间一建鼓（？）将画面分为左右两部分，中格左右两侧各踞坐四人。建鼓上部可见华盖，华盖上二兽相对攀爬；华盖下饰羽葆（？），两侧羽葆支杆中各横出一丝帛状物飘向两侧，左侧丝帛上立四人，右侧丝帛上一兽；建鼓下部为兽形鼓座，左右各一兽相对，二兽中间一人戏兽（？）；建鼓两侧各一人立于鼓座之上，皆持桴，跨步反身作击鼓状；击鼓之人两侧各一半人半蛇神，面向建鼓，其中居右者身前一小兽；左侧丝帛下一兽（龙？），再下一人跨步，单膝下跪作跳丸（？），其身后一人物，身形较小；右侧丝帛下可见二人，立于一"T"形竿下，再下画面漫漶不可辨。画面四周有三层框。 |
| 著录与文献 | |
| 收藏单位 | 徐州汉画像石艺术馆 |

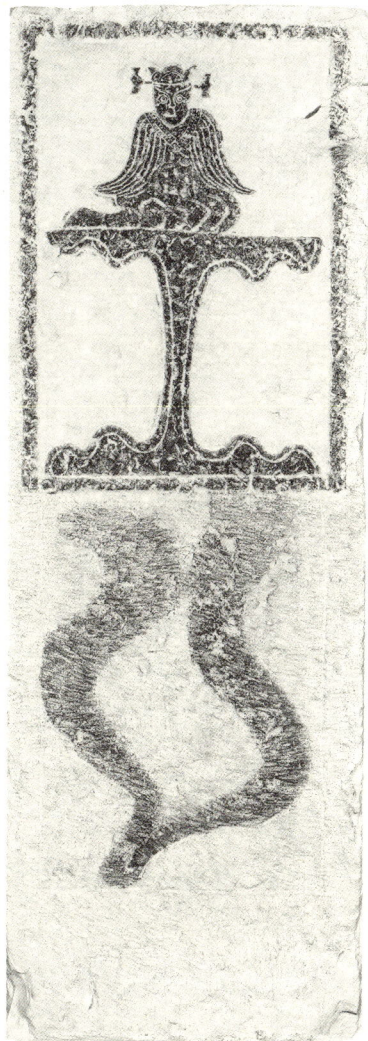

| | |
|---|---|
| 编号 | JS-XZ-239 |
| 时代 | 东汉 |
| 出土/征集地 | |
| 出土/征集时间 | 2000 年发现 |
| 原石尺寸 | 116×47×17 |
| 质地 | 石灰岩 |
| 原石情况 | 原石呈长方形，基本完整。 |
| 组合关系 | |
| 画面简述 | 此图为浅浮雕。画面中央一神山（架？），顶部正中端坐一人，戴胜，肩生双翼，一说为西王母。画框外有阴线刻双尾（？）。画面四周有框。 |
| 著录与文献 | 武利华：《徐州汉画像石通论》，北京：文化艺术出版社，2017 年，第 276 页，图 9-16。 |
| 收藏单位 | 徐州汉画像石艺术馆 |

| 编号 | JS-XZ-240 |
|---|---|
| 时代 | 东汉 |
| 出土/征集地 | |
| 出土/征集时间 | |
| 原石尺寸 | 95×75×15 |
| 质地 | 石灰岩 |
| 原石情况 | 原石呈长方形，基本完整。 |
| 组合关系 | |
| 画面简述 | 此图为浅浮雕。画面分上中下三格。上格一凤（鸾）鸟，头生羽翼，尾分三歧，展翅，口衔三颗丹丸（？），面左而立，其身下卧一鸟，尾部上方一兽（鸟？）自框间探入。中格一兽，俯身撕咬身下另一兽（鸟？），长尾卷扬，尾部下方一卧鸟。下格二兽（兔？）相对，衔中间一树树枝（芝草？）。画面四周有框，上、左、右边为三层框，外框间填刻斜线纹，内框间填刻连弧纹。 |
| 著录与文献 | |
| 收藏单位 | 徐州汉画像石艺术馆 |

| | |
|---|---|
| 编号 | JS-XZ-241 |
| 时代 | 东汉 |
| 出土/征集地 | 铜山县大彭镇汉墓 |
| 出土/征集时间 | |
| 原石尺寸 | |
| 质地 | 石灰岩 |
| 原石情况 | 原石呈长方形，断为两块，右下角残。 |
| 组合关系 | |
| 画面简述 | 此图为浅浮雕。画面主体为二龙穿二环，龙身于画幅中央为二结，左右各见一足踏于左右侧框，龙皆有角，张口回首，吐舌露齿，龙首有圆点形装饰，龙身鳞纹；二龙结下似为一铺首（？）头部，可见双眼及双耳；再下为二鱼相对，鱼身皆有鳞。画面上、左、右三边为双层框，框间填刻斜线纹。 |
| 著录与文献 | |
| 收藏单位 | 徐州汉画像石艺术馆 |

JS-XZ-241 局部

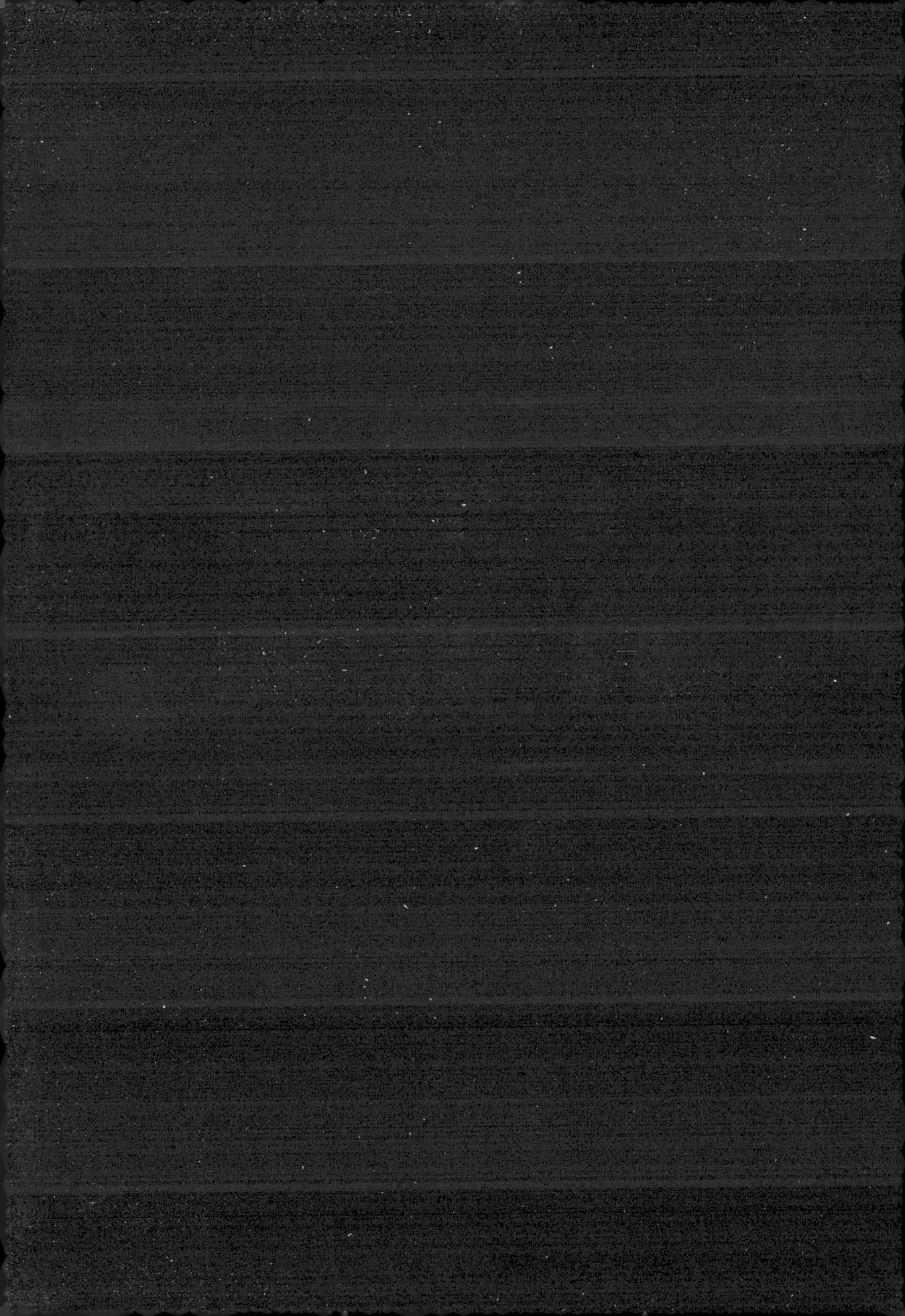